想象
有这样一所学校

沙蕙 ——— 著

中国青年出版社

目录

1. 走班，走课，走向卓越的平凡之路 ——————————— 005

和我们通常想象中的名校不同，今天的北大附中没有高大上的校训，也很少提到那种让人振聋发聩的办学理念，从老师到校长都没有把高考当成他们奋斗的终极目标，但是每个人看上去都是那么精神抖擞、意气风发，学校里也是一派春天生机勃勃的景象。一个培养目标，一套创新机制，一个逐渐完善的教育教学体系。当高考改革的时代已然来临，这所学校将会带给我们怎样的思考和启示？

2. 特级教师是怎样炼成的？ ——————————— 015

从北京大学数学系高材生到北大附中信息技术教师，从一个学校的课程委员会主任到全国的新课程标准研究专家，李冬梅走了三十年。三十年的教学实践让她见证了一个学科的成长历程，一个学校的发展阶段以及基础教育领域的建设道路。什么是过程性评价？为什么强调学科价值？新课程改革到底改了什么？教育的终极目标究竟是什么？三十年的小学科怎样发挥大作用？李冬梅和她的同事们在北大附中的课程改革中将会面临怎样的挑战？他们将如何应对，他们又将做出怎样的探索和选择？

"互联网＋教育"的时代，是翻转课堂的时代，是慕课时代，是学生自主学习的时代。在这样不可逆转的大背景下，学校存在的意义是什么？教师的位置在哪里？作为校长和从教多年的物理教师，北大附中的王铮带领学校从传统教育中出走，他们经过的创新实践在这个学校之外鲜为人知，他们的自信源于什么？他们未来将要去的方向又在哪里？

从20世纪90年代开始的语文教育大讨论至今依然此起彼伏，围绕教材和教法展开的争议依然不绝于耳，依然有那么多的学生不喜欢语文课，不喜欢语文书，几十年前流行的"学好数理化，走遍天下都不怕"的口号依然流行，而语文依然是高考的重中之重，老师们的心头之痛。当今天的学生大多沉浸在一地鸡毛的碎片化阅读中，回归传统文化经典是大胆尝试还是铤而走险？经典的力量有多大？学生能否接受经典？教师们如何驾驭经典？经典阅读是解决语文教育困境的灵丹妙药吗？

5. 穿越唐朝的完美假期 —————————————— 049

一位北大附中最资深的语文教师，面对一门他最熟悉却又最陌生的课程，在传统教材和经典阅读之间，在人文修养和高考策略之间，在新的挑战和职业惯性之间，在学生的长远发展和家长的现实诉求之间，他会做出怎样的选择？

6. 感谢经典阅读，让我在十六岁没有错过《红楼梦》————— 057

她既是文艺女青年，又是经验丰富的语文教师，在她眼里，经典阅读是一场旅行，和学生一起踏上想象的列车，看沿途的风景。一路走来，他们收获了怎样的精彩？

7. 博雅学院的魔法课堂与成年仪式——————————— 065

如果说身处教育改革核心区的北大附中是一个不断创新的生态系统，那么博雅学院就是其中一块特殊的试验田。这个学院以新入职的年轻教师为主要成员，他们思维活跃、勇于尝试，希望通过观念的更新和精耕细作为学生提供蓬勃生长的沃土。他们相信终身学习已经成为现实可能，唤醒学习的愿望和主体意识是教师的责任。有人说博雅课堂是对传统课堂的彻底颠覆，有人说这是一场不可能成功的外科手术，有人认为他们异想天开、哗众取宠，也有人相信他们的努力是将学校这个传统机构置于互联网时代的一次有益的探索。众声喧哗中，他们已经在路上，渐行渐远……

搞化学竞赛出身的学霸考入北大，从本科一直读到博士，这位八〇后理科男一路辉煌走入附中。在这个日新月异充满活力的学校，学习的终极目标不再是应付竞赛和考试，他所设计的元培荣誉课程强调给学生带来创造和探索的成就感。他更愿意把自己的教学当成一次科研和一场实验，向学生揭示他所领略到的化学的学科之美：创造之美，洞察之美，逻辑推理之美，追求经验与理论之间的平衡之美。

一个不再招收艺术特长生的学校，一场场直抵人心的演出，一个个浑身上下散发出专业光彩、充满自信的业余演员，一年又一年全校学生狂欢的舞蹈节，引发了教师和观众们的热议：舞蹈距离我们有多远？艺术的梦想和实践相距有多远？在中学开展艺术教育距离大多数学生有多远？艺术的普及与艺术的创造相距有多远？

舞蹈节串起了这个热爱舞蹈的女孩儿在她所属的书院里度过高中生活的完美的故事，舞蹈节之后她希望自己的成长依然是一个励志的故事。组建了一个团队，参加了三年舞蹈节，当过演员、编剧和制作人，得了两个冠军，六年的附中生活结束，大学的新生活即将开始，在这个时候，她还想为这个给她"带来很多勇气的中学"留下些什么？

在一些家长看来，北大附中的活动有点儿太多了吧，他们担心这样下去自己的孩子会变得浮躁，但是学生们从切身感受出发往往对这样的担心不以为然，正是在这些活动中，他们发现了"可以去向感兴趣的各个方面伸出触角的机会"，因此他们反问："如果能在这个过程中充分地了解自己，找到一个奋斗目标，那不是更重要吗？"

可以说，北大附中的改革一直是在争议声中走过的，但是争议的焦点并不是针对他们的做法是否正确，而是这样的做法是否能保证孩子考上理想的大学。现在，一个高中生用自己三年的成长直面争议，他提出的问题也值得我们深思：一路走来，上小学为了上好中学，上中学为了上好大学，上大学为了找好工作，从事工作为了实现理想以及成家立业，而这一切的一切都是为了好好地活着。可是这日复一日、年复一年不就是在活着吗？为什么不能从最开始，在一环又一环上，在时间的维度就好好活着，追求理想呢？

新国乐、新课程、新社团——一个来自老牌金帆乐团的特长生当上了北大附中艺术中心的老师，是什么力量推动她从无到有建起了银杏国乐社？在她指导下的国乐社和学生时代她自己的乐团有怎样的不同？在社团课程化的进程中她将如何打造一支属于中学生的小型室内乐团？又将如何引领九〇后的孩子了解传承千年的国乐的内涵，感受新国乐的独特魅力？

象："他们愿意花时间来了解你这个人，他们在意的是你这个人而不是所谓的成绩。"两年时间，她从一个来自外校的普通女生变成了统领咖啡屋这个全校最有影响力的社团的领袖，她经历过怎样的困难？她贡献了怎样的智慧？她收获了怎样的成长？

什么是书院？什么是自治会？为什么有书院没有班级和年级？自治会和学生会又有怎样的区别？

什么是自由？为什么在中学里倡导自由的教育？中学生更需要管束还是自由？

当很多人说北大附中是一所特别像大学的中学时，为什么校长王铮却说"没有想办大学，只是希望中学不要像小学一样"？

什么是学长团？什么是自我教育？

为什么有那么多的毕业生回到北大附中当老师？

北大附中今天改革的动力源自哪里？

引言｜想象有这样一所学校

想象有这样一所学校：没有上课铃下课铃，没有成绩单排行榜，没有班主任年级组长，没有学生会班干部，没有教参没有教案，没有校服没有课表，没有主科没有副科，没有重点没有非重点，没有实验班没有特长生，没有清规戒律条条框框；没有耳提面命的老师和俯首帖耳的学生，学生们没有整齐划一的发型，老师也没有颐指气使的表情，没人督着你当学霸也没人在意你是不是学渣，没人拦着你找进展秀恩爱也没人逼着你猛刷题拼竞赛；没有排排坐吃果果的教室，教室后窗也没有监视的目光，一切行动不用听指挥——根本没人指挥，你随心所欲，自作主张，没有人可以包办代替，每个决定都要你自己深思熟虑；没有人头前带路，你要自己寻找未来的出路。只要真心投入，激情燃烧，每个人都可以成为别人的榜样和自己心目中的英雄。

想象有这样一所学校：同伴教育深入人心，学生自治求真务实。

想象有这样一所学校：经历三年奇妙的旅程，每个人都会抵达属于自己的那一片心灵沃土。

想象有这样一所学校：校园很小，空间很大。每一处都是可以入画的风景，每一处都有你施展才华的舞台。

想象有这样一所学校：在这里你会遇到一群特别的老师，他们毕业于这所学校，出过国上过名校当过学霸见过世面，世界那么大走了那么远，他们最终却选择回到这里重新出发；校长也是校友，他长年累月守着这个校园，像童话故事里经常出现的护林员、魔法师和动物园园长，像传说中慈祥和善又神出鬼没的长腿叔叔。

想象你即将进入这样一所学校：等待你的没有苦口婆心的老师和煞有介事的学校领导，没有坐满了新同学整齐划一的教室，也没有集体接受训诫的入学仪式，没有大人们忙碌的身影和孩子们迷茫的眼神儿，没有千篇一律的课本和一成不变的课程安排。

教学楼里到处都是大大的透明落地玻璃窗，走廊里摆放着自动售卖的咖啡机，一楼是学生自主经营的咖啡屋，香飘四溢，每一层都有宽敞明亮、风格迥异、温馨舒适、轻松自在的书院活动室，那是你未来高中生活的家，一个承载着梦想书写了很多传奇故事的学生的领地。

在此之前你收到了来自不同书院学生们自己策划的招新广告，那些色彩各异、造型灵动的书院徽章一下子吸引了你的注意：狮子和龙，长嘴鸟和独角兽，驯鹿、独狼和狮鹫，每一个都让你对新生活充满了想象，满含期待。

因为一种颜色，一个小动物，一段文字，一个视频，一个奖杯，一种文化和一群人，你选择了一个书院，来到了一个集体，打开一扇窗，迎来一个新世界。

想象新学期到来之前的那个暑假，你不用参加分班考试和假期补习，只要扛上简单的行李，和小伙伴们一同唱着歌儿，踏上开往郊区的大巴。围绕在你身边的是稚气未脱的学长和活泼开朗的学姐。单调艰苦的军训生活因为他们的真诚陪伴变得生动有趣、丰富多彩。

每天清晨出操和夜晚收队，他们都会精神抖擞地站在军营门口，那一句齐刷刷喊出的"学弟学妹辛苦了"，真的像夏夜清凉的风吹散你心中对未来的担忧，也像这郊区夜空中的星辰，澄澈明朗，照亮你未来前行的旅程。

想象有这样一所学校：书院要你自己选，课表要你自己定，导师要你自己找，宿舍要你自己申请，每一分每一秒的时间都由你自己规划设计。上课还是自习，选这门课还是那门课，加入社团还是俱乐部，找进展还是拼学习，在书院活动室玩儿三国杀还是去图书馆写作业，百分百由你做决定。你不再是青春片剧本里呆头呆脑的学生甲和学生乙，你意外地成为你自己，成年人和你平等相待，学校把全部的信任交给你，那是一把万能钥匙，通向内心指向未知。

想象有这样一所学校：课堂是你的，书院也是你的，咖啡屋是你的，黑匣子剧场也是你的，每一处公共空间都属于你。只要你愿意为它付出，你就是这里真正的主人，你要在这里学会自由和平等，权利和义务，信任和责任，尊重和爱。也许未来你会遇到更优秀的学校，更有趣的伙伴，但你一定会记得这个真实生动、特色鲜明的学校和在这里遇到的那些富有个性、充满活力的同学。

想象有这样一所学校：一进校门你就豁然开朗——校园很小，眼界很大，沸腾的生活扑面而来，眼花缭乱的机会和选择就摆在你面前。学长团、自治会、中心社团、注册社团、研究性学习、社会实践、校本选修、大学先修、夏令营、冬令营、出国游学，足球赛、篮球赛、戏剧节、舞蹈节，如果愿意，你还可以申请给同学上课，站上讲台，成为老师，你也可以加入咖啡屋的社团，在中学校园体验十六七岁创业的历程。有太多的机会让你加入一个团队，认识一群志同道合的朋友，发现一个藏在心中的爱好，成就一个原本遥不可及的梦想。

想象有这样一所学校：在这里没有人要你学习怎么做一个考生，但是每个人都会教给你怎么做人，没有人要求你追求成功，但总有人会乐于帮你追逐梦想，希望你也同样能为身边的人和身处的环境带来温暖和希望。

这所学校会给你足够的勇气，鼓励你尝试没有她的庇护不敢做的事儿。在这里没有人会嘲笑你的想法有多幼稚多不着调多不靠谱多么的不可思议，只要你够坚持，总有人会过来和你一起实现它。你们在追逐梦想的过程中服务社会，影响他人，收获成长，找到全新的自己。

想象有这样一所学校，有人说它像刺猬，有人说像长颈鹿，有人说它像发动机，也有人说像推土机，有人说它像世外桃源，有人说像野生动物园，有人说是哈利·波特的魔法学校，也有人说是乔布斯统领下的苹果公司。

有人说它是树上的那只窝儿，所有的鸟儿都会从四面八方飞回；

也有人说它只是一个梦，总有一天所有人都会从梦中醒来。

想象有这样一所学校，它就在我们身边。

想象有这样一所学校……

想象——有点儿难？

那就翻开这本书，

让我们开启一段奇妙的旅行。

1

走班，走课，
走向卓越的平凡之路

今天很多人谈到北大附中时会贴上创新的
标签，他们的走班制、书院制、自治会、
学长团、综合实践的确带给人耳目一新的
感受，而实际上，学校以学生为本的整体
思路和由此展开的课程建设的探索发展才
是其中最突出的特色。

　　2015 年暑期开始的头两天，忙碌了一个学年的北大附中的教师们并没有休假，而是集中在学校图书馆的报告厅开了整整两天的"课程建设研讨会"。全国知名的课程专家面对全校教师做了专题讲座，来自校内不同学院不同学科的教师们分享了一个学年来的教学经验。

　　面对学校本部的教师和新合并来的两所学校的部分教师，校长王铮再次强调了学校以学生为本的整体思路："北大附中致力于培养个性鲜明、充满自信、敢于负责，具有思想力、领导力、创新力的杰出公民。他们无论身在何处，都能热忱服务社会，并在其中表现出对自然的尊重和对他人的关爱。"

　　今天很多人谈到北大附中时会贴上创新的标签，他们的走班制、书院制、自治会、学长团、综合实践的确带给人耳目一新的感受，而实际上，学校以学生为本的整体思路和由此展开的课程建设的探索发展，才是其中最突出的特色。

　　他们的学生要走班，要选课，他们把一个学年分成四个学段，又把一个科目分成若干模块；他们一个班只有十来个人，最少的只有五六个人，没有一个教室的桌椅是整整齐齐地排列成行，全都是七巧板一样拼成不同形状；教室不是学生的，而是老师的，每个课间学生都要从走廊的电子柜里取出自己的课本从一个教室奔向另一个教室，每堂课都会遇到不同的老师，不同的学生；上课的时候没有人维持秩序，每个人都抱着笔记本电脑，学校里网络覆盖各个角落，你可以随意上网，查找资料，或者浏览网页；没有上课铃下课铃也没有课间操，但是体育课、奇葩课以及名目繁多的俱乐部社团课和语文、数学传统学校里主科的地位并驾齐驱。

对一个北大附中的学生来说，从报到那天，更准确地说应该是从接到录取通知书的那一刻起，所有的一切都和之前的体验完全不同了。从暑期开始，学生就要在没有家长的陪伴下独立完成一系列任务：要选择书院，要参加军训，要接受新生入学教育，还要选课、做课表。

如果说之前的各种活动只是进入学校的热身准备，那么自己动手 DIY 一张独一无二只属于自己的课表，这项任务就是正式打开北大附中全新校园体验的那把金钥匙。

学校设立了四个学院——行知学院、元培学院、博雅学院和道尔顿学院，三个中心——视觉与艺术表演中心、运动与健康教育中心和信息与通用技术中心，以及成长辅导处和综合实践处，负责提供所有课程。

在北大附中，几乎所有有组织的行为都被纳入到学校的课程体系当中，不仅没有主科和副科的差别，也没有课内和课外、必修和选修、课程和活动的区别对待，校会和拓展活动被列为公民教育课程，学生参加俱乐部和社团被列为活动类课程和综合实践课。无论是书院招新还是入学教育、学长团的培训还是暑期军训都被列为课程内容。这说明在学校管理者和教师的观念中，任何活动都是具有教育意义的。

正因为如此，学校尽可能整合资源，开发构建丰富多彩的课程提供给学生，学校的活动按照学习的方向、内容和形式分为：学科类课程、活动类课程和综合实践类课程。

其中，学科类课程由四个学院提供：

行知学院提供的课程定位高中常规文理科教育，为学生顺利进入高三备考奠定基础。行知的教学主要围绕国家课程标准展开，在讲授国家指定教学内容之外又创造性地对教材教法进行改革，目的在于最大限度地激发学生自主参与、积极探究的热情，培养学生对各学科各领域知识的好奇心和求知欲。

元培学院提供的课程是定位理科为主的学科深入学习。强调学科性，强调学生兴趣，与大学自主招生衔接，教学以国家课标为依托，参考国外高中教育及大学通识教育自主研发教学大纲，强调自主学习、研究性学习，强化批判性思维和跨学科视野。

博雅学院提供的课程以阅读中外经典原著为主要内容。注重以学生为主体的课堂讨论，强调从学生的角度面对经典，强调网络平台的交流互动。

道尔顿学院提供的课程定位中外比较的外文课程。自主制定课程标准，采用小班化、道尔顿制给学生提供学习的自主权，为申请出国上大学的学生开设课程。

除此之外，三大中心提供活动类课程，通过艺术、体育、技术等领域的学习，促进学生在智力、身体、情感等方面的均衡发展。综合实践处则提供国家要求必修的社区服务、社会实践和研究性学习课程，成长辅导处提供北大附中独具特色的书院课程。

大部分课程面向全校不同年级、不同书院的学生，师生双向互选，采用小班化教学，突出过程性评价，突出学科价值。

具体到每一个学生来说，面对这样一个丰富多彩的课程体系，选课的过程本身就是一次别开生面、富有教育意义的课程。

学校会在入学教育期间为学生提供听课的机会，负责研发和实施课程的四大学院和三大中心会选择最具代表性的课程和教师进行教学示范和特点介绍，学生需要结合自身的长期发展、毕业出口、个人兴趣爱好以及课程学习的时间顺序，不同课程、不同教师的匹配度等多方面因素综合考量做出选择。要针对一个学段、一个学期、一个学年甚至是高中三年的学习进度统筹规划、合理布局，做出一个最适合于自己发展的整体课程方案。

除了听课之外，学生还可以从选课平台上了解所有开课教师的学术背景、教学简历、课程特色和教学方案，学长学姐和专门配备的导师会分享他们的经验并给予咨询和指导。由于学科类和活动类课程参与人数被严格控制在三十人以内，选课平台还为每个学生设置了赋分系统，作为竞争筹码以增大选课的成功率。选课之后还有一周的试听时间，一周之后如果发现课程设置不符合自己的期待和想象还可以申请退课。整个过程学生都享有一种前所未有的当家做主的权利，但相应地也要为自己的决定负责。

在学习过程中也采用了过程性评价和终结性评价相结合的方式。学校每一位老师都会在一个学期或者一个学段的起始课上详细介绍自己的课程设置和过程性评价方案。学生们在每一步学习过程中都有需要实现的目标以及由此实现的自我价值。

学校将高中三年一分为二，高三作为预科部，全力应对高考的现实；高一、高二学生归属高中部，以两年时间围绕学校的培养目标展开特色教育。

学生对此的感受十分强烈。

北大附中明德书院的学生刘羽扬说："你可以安排独属自己的课表，并在很大程度上自行安排学习时间；可以根据自己的爱好参加各类综合实践或社团活动；可以随校出访别国名校体验异国文化；可以在四大赛事中凭借自己的优势大显身手……但这并非无秩序、无止境的自由。你须为自己的课堂缺席负责，你须为自己未合格的课程负责，你须为自己的不坚持负责，你须尽到作为合格公民而应尽的责任。只有真正理解在这自由的背景下所能够做的与应当做的事并付诸实践，你才能问心无愧地说：我属于这片银杏纷飞之处。"

北大附中致知书院的邢彦泽认为："在北大附中，有很多东西是需要自己摸索的，其中我学会的最重要的就是取舍。面对各式各样新奇的活动却发现自己精力有限时，需要取舍；面对各种兴趣课、艺术课和必须要学的国家必修课时，需要取舍。有取必有舍，有舍才有得。在自己想做的事和自己该做的事之间，往往会面临取舍。周三中午是活动最集中的时间，也是大多数老师的答疑时间。虽然放弃活动会有些遗憾，但是答疑也会收获很多东西。取舍的标准因人而异，我认为首要的就是对自己负责，勿忘初心，不悔选择。"

格物书院的学生全宇同说："责任感是附中教给我印象最深刻的一课。首先是对自己负责。在学习方面，面对自由的课程设置我也曾感到迷茫，但不断调整后我收获的是一种受益终生的自主学习方法。附中的课余生活也由学生自己全权负责，比如我加入了学长团、水煮蛋设计工作室以及羽毛球俱乐部。其次是对自己所处的团队负责，附中的每位同学都会为自己的书院倾尽全力。作为格物学院的女篮队长，我竭尽所能履行队长的职责并不断激发队员的潜能，连续两年率领球队闯入决赛。同时，我为格物书院设计了书院盾和书院徽，在附中留下了自己的足迹。"

而2012届的毕业生张艺琼则是这样总结的："在我的印象里，北大附中就是自由和自主的代名词。走班制、选课制非常能够训练学生时间安排和统筹管理的能力。虽然每天到处跑，但感觉挺充实的，老师也更专注于自己学科的教学，师生之间的那种家长式的关系淡化了很多。在这种模式下，我感觉学习是为自己奋斗，而不是为了讨老师的好感。所以总体来说走班制和书院制，让我今天回顾起来还是一个非常科学的教育模式。"

与走班、选课、建立书院为学生打造独立自主的学习生活空间相呼应，学校打破了传统模式中教研组和年级组的既有格局，建立四大学院、三大中心作为教师的归属。学生和教师同在一个生态环境和教育体系内，学校对于学生的培养目标的设定需要依靠教师完成，教师也需要在教书育人的过程中获得自身的成长发展。

基于对学生和教师两个群体需求的深刻了解和认识，也是基于对传统模式的更新换代，学校对教师的角色定位做了重要调整，他们认为要让教师，特别是学科教师从原有的行政事务中抽离出来，以建设课程为核心根基，在学校发挥教育作用，在课程建设当中发展和成长。

从四大学院和三大中心的组织架构就可以看出学校的总体思路：希望将传统的"教书匠"定位的教师，培养为集科研和教学于一体的复合型人才，从而将整个学校打造为一个以教育教学实践带动教育科研的研发中心。

北大附中校长王铮说："在今天这样的时代，要把教师解放出来，做他真正有价值的事情……这种转变有一个过程，但方向必然如此。"

他同时也指出了具体的方案："完整的线上线下的体系。开展教学理念、教学方式、教学方法的革新。从教学转向学习，转化为学生的学习。"

应当说不仅是在北大附中，如何适应信息社会的快速发展转变观念，从传统的教书模式转化为学生的学习模式，如何让不同的学生有效地参与集体的学习活动并从中获得终身学习的动力，已经是这个时代每一个学校每一个教师都要面对的课题。

为了应对全新的挑战，学校专门设立了课程委员会，由本校最有经验的教师组建起来，如同一个马力强劲的发动机，引领和带动教师们的科研和教学工作稳步有序地开展，目的是建设一批服务于北大附中培养目标的、基于网络平台、内涵丰富的高品质实体课程。

值得一提的是，学校的课程改革全部由一线教师自主承担课程研发和实施的任务，一边搞教学一边抓科研无疑增加了课程管理的成本和教师的负担。教师的工作分为研发岗和实施岗，申报研发岗的教师需要向课程委员会汇报详尽的课程规划，每个学段每个学期开始之前课程委员会还要进行严格的审核评估，明确课程的目标、价值、特点、内容以及课程建设的方向。其间还要经过集体研讨、相互交流和反复修改的过程。申报研发岗的教师即使是方案通过也不是一劳永逸，每一轮教学的申报都要根据实际需要充实新内容，做出新调整，在这样一轮又一轮不断研讨磨合、反复修改调整中加深对课程建设的理解。

学校努力营造浓厚的科研氛围，鼓励教师们在教育教学工作之余，在理论学习和课程研发中投入大量精力。不论是自主开发课程的元培学院、博雅学院和道尔顿学院，还是面对高考的行知学院，教师们都不满足于传统的教学模式，在不断探索实践中寻求创新发展。

虽然取消了教研组和年级组，但是教师之间也建立了新型的合作关系：担任研发的教师和担任实施的教师之间要密切配合，共同开发新的课程；围绕课程建设所展开的全校范围的讨论也跨越了学科界限，使得全校教师都有机会分享彼此的经验，在过程中相互传递一种温暖和力量。跟随不断变化的学校课程改革的脚步，彼此之间也许会产生一种命运共同体的感受。不知不觉中共同踏上一个未知的旅途，在探索中相互扶持，寻求专业上的成长发展。

研发岗的数学教师李宁这样评价他和实施岗的张俊强老师之间的合作："作为高二数学的课程研发人，我深感与张俊强老师在本模块中的合作是一种愉悦的体验。这种体验来自张俊强老师对工作的严谨、执着和对数学学科的热爱。在课程研发过程中大家求大同存小异，对每个专题的核心任务和任务设置都做了认真分析，在具体实施过程中，张老师也不是简单的'照本宣科'，而是和我进行积极的讨论……作为实施岗的教师，张老师在第一学段授课四个班，在繁忙的教学工作过程中还主动承担本学段过程评价中荣誉作业四次，共计六千字的设计，与此同时还完成了录像课一次。由于张老师的丰富的教学经验和坚实的数学功底及专业化建议，使得本模块能顺利完成。"

具有丰富教学经验的地理教师翟蕾担任专职的研发岗，结合多年教学经验以及最新资料和数据提供教学方案，实施岗的教师组成一个团队负责实施她的教学方案并及时反馈。每次课程结束，行知学院的院长助理、年轻的地理教师单都会做一个总结，针对教学实施过程中出现的新问题和他认为更合适的资料数据、处理方式等第一时间反馈给翟蕾，翟蕾根据反馈对教学方案进行进一步细化和调整。经过几轮教学的默契配合，行知学院的地理课程已经形成了一套自主开发的相对成熟完备的教师手册和学生手册。

像这样团结协作的精神和敬业的态度正是这所学校得以保持活力的原因之一，而这也成为课程委员会带领本校教师自主开发和实施课程建设的信心所在。

每周一次的例会，各种形式的工作坊、分享会，节假日也有不同主题的交流活动。2015 年北京 APEC 会议期间，课程委员会还利用难得的休假时间安排了整整三天的课程研讨，他们和每一位申报研发岗的教师进行面对面的细致研究，将教师们的日常教学研究工作有效纳入学校课程规划的整体框架中，同时也激发每一位教师在教学过程中对自己的学科和工作进行持续不断的反思。

一位担任课程委员会委员的年轻教师在参加了连续三天的课程研讨之后感叹道："许多老师不仅仅是交一份课程规划，而是真的在深入思考课程的普遍意义和独特价值，深入思考自己的模块在自己的领域甚至整个教育中的作用和意义。会议上有争论，但止于研讨，会议上有碰撞，但止于学术。大家都想探寻自己课程的价值，探寻为实现这些价值应该怎样教、怎样学，用什么样的内容和形式作为实现目标的载体。

"虽然对课程规划还有一些疑问，还有一些看法，但大家思考之深入，建设之用心是很让人感动的。有许多老师，他们的劳动已经超出了工作，真正地把教书育人当成自己的事业，当成了体现自己价值的阵地。"

**特级教师
是怎样炼成的?**

2

学校从来都不是与世隔绝的世外桃源,学校也是一个小社会,需要人与人的交流与合作,把学生放到深水区里学游泳,就是要让他们在真实的教学情境中学习与人相处。知识的获取只是一个教学目的,教育的根本目标是通过获取知识的过程,教会学生做人,让学生了解生活,认识社会,获得真实的成长。

从零开始

1982 年夏天，李冬梅从北京大学数学系毕业，选择进入北大附中做中学教师。那一年她不到二十一岁，梳着两条长长的大辫子，看起来还是个稚气未脱的学生。

那一年，我国在五所重点大学的附属中学试验开展计算机教育，北大附中是其中之一。当时的条件是零起点教学，没有计算机，没有专用教室，没有教师，也没有教材。学校因陋就简，将图书馆的阅览室改为计算机教室，在高二年级选拔了二十五名优秀学生组成计算机实验班，又从北大计算机系特聘了一位教授担任任课教师。

因为毕业于数学系信息学专业，又在大学学过两种计算机语言，李冬梅被领导选中做计算机课的助教，辅导学生完成教授布置的作业。仅仅用了一年时间，她就接替北大教授，独立承担起计算机实验班的教学工作，从此踏上了信息技术学科的基础教育之路。

1984 年到 1996 年，李冬梅在北大附中组织了一个包括初一到高三不同年级学生在内的课外兴趣小组，日夜奋战在机房。他们参加了从海淀区、北京市到全国的各级各项计算机竞赛，每一次都获得骄人战绩。1990年，李冬梅辅导的学生江晓晔在国际信息学奥林匹克竞赛中夺得金牌，这不仅是北大附中的第一次，也是我国中学生首次获得此项殊荣。

随着信息技术教育的发展，李冬梅也逐渐从数学教师兼职计算机教师转变为专职的计算机教师，每周十四节课，带课外小组。那些年，几乎每年北大附中都会为北大清华的计算机专业输送优秀毕业生。不仅如此，她还先后辅导了七名学生在中学期间出版了有关计算机普及教育和竞赛方面的个人专著，其中一名学生所写的有关 Windows95 的图书发行达到八万册，更多的学生从此走上了计算机研发的专业道路。

1998年，为适应教育信息化的飞速发展，北大附中决定建设校园网。作为信息技术教师的李冬梅成为项目的主要负责人，经过长达一年多的前期调研，她规划设计了从综合布线到服务器的选择等一系列方案，历经四年时间搭建起了拥有五个网络机房、五十多间多媒体教室的千兆校园网。在抗击 SARS 的非常时期，只用了三天时间就为全校师生搭起了网上教学园地，高峰时期承担了三十多个教学班的网上教学任务，有三千多人同时在线，为师生改变教学方式提供了良好的网络环境和坚实的硬件平台。

2002年，作为唯一一名长期工作在教学一线的信息技术教师，李冬梅进入教育部研究制定高中新课程标准的核心项目组，与相关领域的大学教授、课程专家们一道，经过一年多认真细致的筹备，为基础教育领域信息技术学科的课程改革做出了实际的推动。

2003年4月，国家公布了高中信息技术新课程标准，同年9月，她带领北大附中的教师开始在高一年级尝试进行新课标的课程实践。围绕新课标提出的提升信息素养、培养问题解决能力、倡导运用信息技术进行创新实践等理念，经过八年研制，开发了《高中信息技术基础》和《算法与程序设计》

等模块课程和充满挑战性的三十多个自主创意的作业，探索总结出一套高中信息技术新课程的教学模式，并先后应邀到二十多个省市为上万名教师进行培训，将先进的教学理念和高效务实的实践经验传播到更多学校……

从自己动手建设第一间计算机教室、第一个局域网、第一个多媒体教室、第一台投影仪，到维护机房、设计程序、辅导学生参加竞赛，从开发管理软件、为各学科编写教学课件，到校园网的建设、管理与资源开发，从数学教师兼职辅导计算机实验班，到专职的计算机课教师，再到带领拥有十几名专职教师的信息中心为全校师生提供专业的信息化服务，从参与新课标的制定到推动课程改革，培训教师，李冬梅从教三十年，见证了北大附中及整个基础教育领域信息技术学科从无到有，从小到大，从弱到强，从精英教育到普及教育的发展历程。

面对三十年日新月异的变化，李冬梅深刻认识到，信息技术教师不仅要充实自己的知识与技术，更要不断进行教学研究，更新教育观念，带着问题去教学，在教学中研究，在研究中发现规律，在发现规律的基础上形成自己的教学模式。

问题意识与过程性评价

因为没有范例可循，没有前辈可以学习，一切都是从零开始，问题意识成为始终贯穿在这位信息技术教师思想深处的一条主线。面对问题，思考问题，解决问题，摸着石头过河，在实践中总结经验，她和她所热爱的信息技术学科就这样艰难前行，相伴走过了三十年的辉煌历程。

在最初担任助教期间，面对中学没有计算机的实际困难，她跑遍北大所有的计算机实验室，最后在北大的南阁找到两台教授们从国外带回来的微机，为学生们争取到宝贵的实践机会。在当年很多学校由于硬件设备不足只能三四个人使用一台机器的时候，她就认定了每个学生都必须独立完成作业。为保证二十五名学生都能上机，她利用每天放学后到晚上八九点钟的课余时间为学生进行辅导。

为了解决没有计算机的困难，她甚至带领十几个学生利用周末自己动手组装机器，没有人指导，他们就买来零件，按照示意图边学习边组装，经过多次试验，终于拥有了属于他们自己的第一台386计算机。

20世纪80年代，中学的信息技术教学以程序设计为主，借鉴大学的教学模式，教师在教室讲，学生到机房实践。李冬梅很快就发现这样的做法效率不高，即便每天兢兢业业地备课，学生也并不认真听讲，于是她将课堂搬到机房，将原有的"讲解，练习，再讲解，再练习"的机械化步骤改为"课堂练习"和"课后作业"有机结合的模式，按照一比二的比例将课堂分成了学习新知识和动手实践两部分，把课堂的大部分时间交给学生，花大力气在作业的批改和评价、反馈上，逐步建立了以知识系统、作业系统、评价系统为支撑，包含教学环境建设与维护，教学资源整合与管理，教学设计，课堂教学的组织、引导与管理，教学评价等多个环节的整体教学的系统工程。

由于信息技术课程对教学环境的依赖，经历了借用大学的计算机到自己组装386电脑，一切从零开始的李冬梅从辅导课外小组的那天起，就要求自己牢牢把好学生上机这一关。她详细记录每个学生每次上机的内容、完成情况以及完成的准确性和创新性。每个学生每完成一道题或一个任务，她都要亲自检验是否符合要求，达到要求在记分册上做记录。三十年的教学中，她始终坚持对学生学习过程的动态追踪和忠实记录。

从早期的记分册，中期的登分表，到后来的过程性评价表和学习网站，她为每个学生建立了系统、详尽的学习档案，及时反馈，积极引导，在实时追踪中准确了解和把握学生动态信息，针对学生情况及时调整和不断完善教学内容和方式，形成了一套相对科学完整的信息技术过程性评价体系。在她的教学网站上，不仅有任务布置、拓展资料的参考，学生学习过程的档案记录，还有师生之间和学生之间的交流平台，学生从中了解到自己的学业情况，还可以看到多年累积的教学范例和历届学生的优秀作品展示。

在李冬梅自创的教学平台上，最令人印象深刻、也让很多师生感动的，就是"作品展示"这个栏目。她将历届学生的作业收集整理，分门别类地展示出来。每当提起这些，她总是津津乐道，每个学生的作业她都如数家珍。她把学生的作业当成作品，把学生做作业的过程看作是创作的过程。在她和她的学生们看来，作业从来都不是任务，不是生搬硬套的模仿，不是学生为了完成任务给老师一个漠然的交代，作业是师生交流互动的渠道，是学生运用所学知识解决问题的过程，是充满艰辛又充满乐趣的创作，是以信息技术为工具实现的自我表达。

在计算机大范围普及之后，游戏成为课堂教学面临的一大对手。很多教师因为担心分散学生注意力在课堂上禁止学生玩游戏，她却反其道而行之，在机房的所有学生机里都装了游戏，同时规定只有课堂上按时完成学习任务的学生才能上网浏览，启用游戏。她将别人视为洪水猛兽的游戏当成实施教学过程评价的一种手段，在她看来，游戏能很好地展示计算机的魅力，激发学生的想象力，使学习变得更加主动。同时，将玩游戏的决定权交到学生手里，还能培养学生对自己行为负责的态度和习惯。

在网络计算机教室成为信息技术的课堂之后，机房管理成为困扰很多学校的新问题，一些老师担心学生在使用电脑的时候存在安全隐患，今天你把同学存在盘里的文件删了，明天他把系统文件移了地方，后天又有人把多媒体线路拆断了，但是李冬梅却从这些问题当中看到了学生的好奇心和实现科学管理的必要性。

2000年，北大附中率先设计并使用了以域服务器来管理机房软硬件资源和学生用户，每个学生一个账户，收回其管理员权限，让学生回归使用者身份，用文件服务器为学生提供教学资源，为学生提供上传作业区，形成了域管理下的综合教学环境与教学资源管理系统。

今天，在北大附中，全校师生凭个人账号都可以使用校园网上的任何一台计算机，每台计算机随时都可以通过校园网登录互联网。学生只要进入校园就可以方便地使用校园内的所有信息设备，可以使用在校园网上看到的所有文件。在李冬梅看来，信息技术课的任务之一，就是要培养学生的动手能力，给学生创造一个宽松自由的学习环境。

因地制宜，因材施教，就地取材，灵活机动，是李冬梅创新教育的基本特征。没有教参，没有专家指导，学生的学习档案和过程性评价就是重要的教学资源和参考资料，学生的能力培养和学习过程就是教学的出发点和重要依据。

新课标与深水区

2002年参加新课标规划和设计工作的一年，让李冬梅对信息技术课程有了更深的认识，她结合自己的教学经验，认为应当把学习看成是一件充满挑战、经历艰辛、经过努力、付出智力与体力后获得成功体验的趣事，要让学生在信息技术课堂上体验其中的乐趣，就要让他们自己付出努力，经历整个艰苦的过程，因此她提出了"让学生在信息技术的'深水区'里学游泳"这样的教学理念。

以"解决实际问题"为教学主线，充分挖掘信息技术在生活实际中的应用，将教学内容巧妙融入实际问题中，每次课让学生"利用当堂所学内容解决一个问题"。为了实践自己的想法，她创设了适合学生特点同时又需要学生经历艰辛努力才能获得成果的教学情境，每一个教学任务都贴近他们的生活，为他们所熟悉又感兴趣的，又有"明确、具体、可操作、可评测"的实施步骤。

2003 年开始历时八年打造的《高中信息技术基础》模块课程集中体现了她的教学理念。教学内容的整体设计与需要运用技术解决的实际问题紧密结合，环环相扣，层层递进。

针对教学内容"信息及信息技术、文字信息加工与表达"，设计了相对应的基于问题完成的任务：就"我所理解的信息""我印象最深刻的信息特征"撰写报告；就"信息技术的四个核心技术"列举实例；分析一个信息技术综合应用实例；畅想信息技术未来。

针对教学内容"信息获取、文字表格信息加工与表达"，设计了相对应的基于问题解决的项目：撰写搜索引擎研究报告以及合作撰写自助游计划。

与"多媒体信息采集、加工、集成、表达与交流"的教学内容相对应的则是小组合作制作多媒体综合作品"我的校园我的同学"这个项目作业。

今天在北大附中，用视频说话已经成为一大特色，从军训到新生入学教育，从开学和毕业典礼到校会和校园的四大赛事，几乎每一次大大小小的集体活动中，学生的视频展示已经成为不可或缺的环节。当不少学校还停留在师长训话学生听讲的阶段，北大附中的大事小情都是通过学生制作的视频来表现的，就连中考招生说明会和校园开放日面对数以千计的家长时，学校的领导也会轻轻说一句："好，让我们来看下面这个小片儿。"

孩子们找到了一种最贴近时代风格、也最适合他们年龄特征的表达方式，通过视频制作，尽情释放年轻的激情和无限的创造力，而这一切的引爆点，就是信息技术课上"我的校园我的同学"这项作业。

在新课程实施后经历了四个月的苦思冥想制订出来的教学计划中，李冬梅当初并没有想到"我的校园我的同学"刚一推出就会受到学生这样热烈的欢迎。作业要求学生以自己最熟悉的校园生活为主题，完成信息采集、存储、加工、表达、交流与评价的全过程。

课堂上教师讲解图像处理工具 Photoshop 的基本用法，学生们事先分组，围绕大主题确定小组主题，制订计划，采集素材，自主创意，要思考是否可行，是否紧扣主题，是否能够应用当堂所学内容实施自己的创意，完成作品。

教室里，学生们积极讨论、编制脚本，校园里，采集素材的学生遍布各个角落，因为和自己的校园生活息息相关，一下子就点燃了学生们的创作热情。

2010 年北大附中开始全面实行的走班制，更是给"我的校园我的同学"提供了异常丰富的创作素材和想象空间。从 2010 年 9 月起，北大附中在高一高二取消了年级、班级和班主任、班级教室等实体，形成了以单元和导师制为核心的新体系。在初始阶段，两个年级的学生被组成六个单元，一、二、三为理科单元，四单元为文科单元，五单元为竞赛单元，六单元为出国单元，实行小班化教学，采用学分制，学生每天背着书包，穿行在不同教室、不同课程之间，开始了全新的走班体验。

在"我的校园我的同学"作业中，以《WE ARE "五"单元》和《霍格附中》为代表的一批作品就是描述了在这种情境下的校园学习生活。

《霍格附中》的作者管乐自豪地回忆说："制作过程中配置小组成员的时间、剪辑、拍摄等遇到了很多问题，但因为我们自己感兴趣，也很乐于完成这个作品，而且我们自己都陶醉于自己的作品，所以整个过程中我们很开心，一遍遍看着自己完成的作品也很有成就感。其实我们组也没有用到太多高超的技术，但因为我们的创意使我们的作品看起来很有趣，所以获得了广泛的认可。相信如果能将这种对生活、对作品的创意贯彻到每个细节中，也能创造出更多更有趣的成果，这是我对所谓创新精神产生的全新感受。"

贯彻了新课程改革思路的李冬梅的课堂，强调的是能够应用信息技术解决问题，挑战的是学生的想象力、创造力和信息意识，锤炼的是学生的信息能力和解决问题的能力，丰富的是学生利用信息技术解决实际问题的经历。长期经历这样的课堂，学生的信息意识和信息能力自然会得到大幅度提高。当然，更重要的是对他们独立思考和全面能力的培养。

就像学生崔玥在学习结束后总结的："为了完成搜索引擎报告，除去上课时间我用了整整八个小时。我第一次发现，自认为再熟悉不过的 Word 文档，原来还有这么多的功能；几乎天天要使用的搜索引擎，原来还有着这么多的技巧。那次的作业，已经不单单是为了得分，我利用网上找到的、老师所讲的技巧查找从前没有找到的资料，成功找到时的惊奇、欣喜，令我的所学有了意义。在那之后的图片编辑、动画制作，甚至最后小组合作制成视频，这些都是我从来没有接触过的。开始做的时候，也曾经抱怨太费事、太难，但当自己也想象不到的照片效果呈现在眼前，一切的辛苦就全都烟消云散了。虽然我的技术运用远远不够好，很多地方做得都不到位，但我对于电脑的使用能力相比之前已经有了很大的提高，已经收获了很多。不单是在技术上，组织能力、合作能力也得到了锻炼，虽然还有不足，虽然相比擅长计算机操作的同学还有很大的差距，可是我已经战胜了过去的自己。"

一位与崔玥同在一组的学生回忆视频制作的小组合作时，爆出这样的情节：有两位与他们合作的女生因为赶别的作业并没有投入多少精力在完成这项任务上，但是崔玥作为抽签当上的组长，并没有因此责怪对方，反而是默默承担了最多的工作，甚至事后也没有向任何人抱怨过。由此这位同学感慨道："佩服之余，我也明白了一个道理——改变不了别人的时候，我们只能改变自己。作为一个团队，工作是不可能平均分配的，如果你想做一个懂得承担责任的人，吃亏是不可避免的。为此，我选择不要斤斤计较。"

学校从来都不是与世隔绝的世外桃源，学校也是一个小社会，需要人与人的交流与合作，把学生放到深水区里学游泳，就是要让他们在真实的教学情境中学习与人相处。知识的获取只是一个教学目的，教育的根本目标是通过获取知识的过程，教会学生做人，让学生了解生活，认识社会，获得真实的成长。可以说，这就是李冬梅的信息技术课程的最大特色，也是新课程改革突出强调的教育目标。

李冬梅经常说，信息技术教学远远不止课堂上短短的四十五分钟，它贯穿在学生的日常生活和行为习惯中。随着互联网的飞速发展，信息素养的外延也在不断更新，对信息道德观的培养也成为这门新兴学科所应当承担的使命。在享受信息技术带来的便利条件的同时，自觉遵守信息法律法规，遵循信息伦理，是每个学生都必须懂得的道理。

李冬梅认为，培养学生的信息道德不在教师的说教中，也不在危言耸听的案例里，而是藏在学生信息活动过程中遇到的每个细节里。要给他们犯错误的机会，让他们在真实的情境下遭遇信息伦理问题，依据自己独立的思考和判断做出选择，教师始终给予密切关注和正确引导，才是信息道德教育的有效途径。

当学生"撰写自助游计划"时，会遇到网上下载信息的版权问题；在完成"我的校园我的同学"视频制作时，需要解决同学肖像使用权问题，以及恶搞同学肖像所引发的纠纷问题；在"算法与程序设计"作业中，学生又要面对有人使用自编程序攻击他们的系统等问题。

每次涉及相关问题，她都要提出明确的要求和正确的指向，从第一次作业开始要求学生建立文件夹，规范命名文件名，到规范使用电子邮件，按时提交作业，她制定了一系列严格的管理机制，从小事做起，严格要求，对学生的信息行为进行检测和跟踪反馈，关注信息活动的每个细节，规范并提高学生的信息道德。

这个时候她自主开发的过程性评价又要发挥神威了，在实践内容的评价量规中，她特别给予信息伦理问题一定权重，别出心裁地设置了"信息伦理"和"老师的话"两个评价环节。在 2010 年 3 月 23 日的教学日志里，她记录了这样的案例：

批完某某届某某班的第三次程序设计作业，已是凌晨两点多，其中有两件事很触动我。

第一件事：运行学生甲的作业程序，在第四个窗体看到他留给我的话："老师对不起，我以后不再恶作剧了。"我会心一笑。这让我想起他的第二次程序作业——程序运行后，当我输入提示的用户名和密码，程序开始读秒，随后我的笔记本关机了。当时，我在"老师的话"中写道："这样的恶作剧还是少些，用程序可以做些有意义的事。"

第二件事：运行学生乙补交的作业，发现直接全屏，没有关闭按钮，并要求输入用户名和密码，却没有提示。尝试五次失败后，系统自动重启。重启后还是同样界面，仍然要求输入用户名和密码，接着重启……多次尝试失败后，我只好在系统重启过程中，用最快速度打开任务管理器，等他的程序一进入，就立即中止其进程。

该怎么处理呢？我思考再三，决定把他有关信息伦理量规方面的分数扣掉,在"老师的话"中写道:"批改你的作业时,我已用了两个小时改全班第三次作业,破解你的程序用了二十多分钟,第一时间打开作业文档查看,还好只损失了一个同学的信息,感谢我的好习惯。其实,你可以把聪明才智用来编写有意义的程序。"上午就是他们班的课,当我转到他的桌边时,他把头缩得低低的,怯怯地看着我。我看了他一会儿,笑笑,在他肩上拍了两下,什么也没说,离开了。

在面对年轻教师时,李冬梅总爱说的一句口头语就是"情感态度价值观"。新课程标准明确提出了以培养学生的信息素养为基本目标,并且从知识与技能、过程与方法、情感态度价值观三个维度对目标进行了详细阐述。不仅强调信息技术应用能力的培养,更强调学生对信息处理方法的掌握和对信息活动过程的体验,以及在这些方法、过程中所体现出的情感态度价值观的形成。由于信息来源的广泛性,在选择、甄别、评价信息的过程中,就不可避免地渗入更多的人文内容,因此,新课程标准特别强调了信息技术应用能力与人文素养培养相融合的目标。

特级教师和课程建设

从 20 世纪 80 年代自己编写教材,到 2002 年参与国家基础教育高中信息技术课程标准研制,李冬梅始终站在学科前沿。作为一名特级教师,在出色完成北大附中教学任务的同时,她不断反思,深入钻研,将工作中积累的宝贵经验与其他学校的同行分享,为学科的建设和发展做出自己的贡献。

2005 年,李冬梅担任海淀区名师工作站信息技术学科导师组组长,2009

年，担任北京教育科学研究院基础教育教学指导委员会信息技术学科指导专家，2010年6月，她入选"国培计划"专家库，同年7月她参加了"2010国培计划——中西部农村骨干教师远程培训项目"规划实施方案的评审和培训机构的遴选工作，8月，她设计、组织并主讲了全国中小学教师继续教育网的远程培训课程。11月收到大量反馈意见之后主持在线答疑，12月亲赴江西、新疆等多个省区对信息技术教师进行培训。

　　每次培训讲座，李冬梅的第一节课总是围绕着"信息技术学科的目标与价值"这个主题。她会问老师们一个问题："信息技术到底是教什么呢？"指导老师们学会思考："当你明白了什么是技术后，课堂上你就不再只是教会学生按按鼠标；当你明白了什么是技术后，你就会知道技术永远只能是为内容服务；当你明白了什么是技术后，你就不会只在课堂中教给学生Office如何使用了。因为工具是变化的，而无论工具怎么变，使用技术解决问题的方法是不变的。我们教给学生的所有工具若干年后有可能都会忘记，而永远留下的只有一个——那就是解决问题的能力。"

　　2010年李冬梅在网上开了博客，很快就成了一线教师们业务学习交流的平台。她把自己多年积累的研究成果、教学案例、学生作品、课堂实录、教学素材等毫无保留地放在网上与大家分享。有老师向她请教，即便素不相识，她也会耐心解答，甚至连她的课表也是公开的，她的课堂向大家开放。只要有机会，她还会想方设法向专业刊物推荐老师们的论文，积极支持老师们参与出题、出书，鼓励他们深入思考钻研业务，多方位培养他们。

　　老师们说："正因为有李冬梅这样的教师对学科的坚守、呵护与发展，使北京市的信息技术教学结出了丰硕的成果，站到了它应有的位置，并辐射到全国。"

　　从北大附中到海淀区，从北京市到全国各地，让李冬梅站在学科前沿，有了很强的全局观念和大局意识。对她来说，每一次面对年轻教师的讲座，每一次为外地师资培训，每一次与其他学校教师们面对面交流，不仅是一个分享自己教学经验的好途径，更是对学科定位和课程建设充分调研和深刻反思的好机会。

经过调查研究她发现，中小学信息技术学科作为一个年轻学科，虽然存在很多发展过程中自然产生的问题，包括大中城市和农村、经济发达地区和相对落后地区之间学科教育环境的差异造成的教学水平的差距，但真正困扰广大教师的，依然是学科内部具有普遍性和根本性的问题：教师对信息技术学科的价值和重要性认识不足，导致奋斗动力的缺失；教师对学科作业和评价环节的重要性认识不足，使得教学效果事倍功半；教师对教学设计的重要性认识不足，照搬教材，难以激发学生的兴趣和动力；而教学内容无法适应学科的快速发展和社会环境的急剧变化，更是亟待解决的问题。

为此她首先明确了学科定位和课程目标，强调信息技术课程在基础教育课程体系中的独特性质和重要地位，在一篇教学论文中她这样写道：

"信息技术课程的目的就是培养和提高学生的信息素养，满足现代信息社会对一个公民的基本要求。信息技术课程对于学生系统思维、灵活思维和动手能力的要求，信息技术课程与现实社会的密切联系等，都有利于学生创新能力的培养。而信息技术引入其他基础教育课程后，对这些课程的教育观念和教学方法的变革起到了积极的促进作用。人们也越来越重视信息技术对于课程整合的重要作用。现在，其他基础教育课程标准的制定也考虑到信息技术这个重要因素。作为现代教育技术的重点，信息技术革命促成了教育技术的革命，而教育技术革命对于当代教育观念的变革，尤其是对于教育方法的变革产生了重要的作用。

"信息技术课的教学很适合贯彻新的教学观念，即以学生为主体，提高学生参与教学的程度，发挥学生在学习过程中的积极性和创造性。新课标的制定可以促进教师积极地进行变革教学观念的工作——改进教学方法。以学生为主体的教学观念的落实可以通过各种不同的教学方法来实现。"

在担任北大附中的课程委员会主任之后，每一次面对同事谈到课程建设的问题，李冬梅都会习惯性地把自己在信息技术学科三十年教学实践的心得分享给大家——关于过程性评价，关于学科价值，关于教学方法，关于学校课程改革的目的和意义。每一次她都不是抽象地讲道理，或者简单地指手画脚——你应该这样做，应该那样做。当她参与到教师们的讨论中，面对他们的困惑甚至是不同意见时，她总是若有所思，沉默片刻，当她表达自己的主张和观点的时候都是有感而发，三十年一点一滴的积累和每走一步的反思都让她的表达充满了力量。

当初她从数学教师转入信息技术领域的教学工作就没有认为这是一个小学科，如今她更是感觉到这个年轻的学科可以在课程建设中发挥重要作用。在她看来，每一个学科都有自身的教学规律，同时，每一个学科的教学实践也都有相通之处。

无论是语数英这样的传统主科，还是正在探索中的俱乐部课程、综合实践课程，每一门课程所要面对的根本问题、需要关注的重点都是一致的。如同北大附中建设全新的课程体系需要紧紧围绕学校的培养目标和整体思路展开，每一位教师的工作重心也应当是提炼学科价值，培养学生能力。从根本上来说，学校倡导课程研发的动力和目标也正在于此：立足于学生的长远发展，在教学实践中渗透学科优势和特色，以本学科独特的思维方式和研究方法贯穿整个教学活动，引领学生探索未知的世界，在不断的学习实践中获得成长。所谓教书育人，也就是如此。

互联网 +
我的课堂我做主

3

课程建设有两条线索：一是要建设一个系统、一个结构、一种思维，来形成丰富的学习资源和更多的手段方法；另一个是要针对每一个学生，在互联网时代更充分地去中心化，去掉更多的权威，让每个人的创造性都能得到有效激发，都能自主地学习，自觉地探索。

北大附中的课程委员会在学校的课程建设中发挥了积极和具体的指导作用，作为课程委员会主任，李冬梅将自身的教学经验与学校的教育教学实践相结合，自觉贯彻和实施新课程改革的学术理念和人文思想。在海淀区教委为李冬梅召开的面对全区信息技术教师的教学经验推广会上，王铮校长在讲话中对李冬梅教学经验的总结，也从一个侧面反映了北大附中课程建设的总体思路：

什么样的老师是优秀老师？喜爱教学，像李冬梅老师那样，谈教学和不断研究创新的时候是那么有感受，那么有激情，那么自豪，把自己完全沉浸在教学中，这当中也有在教学过程中不断提升自己，以至于从数学老师变成了新兴的信息技术的专家。如果老师能够让学生体验到学科魅力的话，我们觉得他就是一个好老师。

为什么会有这样的热情？我认为这样的热情来源于对学生、对成长的关注。通过跟学生的交流，也让老师有了更高的人生追求，他把他的爱融入到学生的成长过程中，传统的或者说更多涌现出来的优秀教师在这些方面做得让我们感到敬佩。

但是世界还在不断发展，我们已经进入了信息化社会，迎来了互联网时代，它会给我们带来很多的冲击和挑战。过去在学校，老师是一个知识的主体，现在这种地位没有了，老师要面临前所未有的挑战。知识不断涌现不断更新，可能以前我们的一生面对的是相对稳定的知识，那么现在我们一生会经历多少变化？这些对我们的学校和教学将会带来什么样的挑战？这是我们需要深入思考的问题。

今天我们面对的学生，是一个生长在互联网时代的群体，有人说现在九成的大学生、八成的中学生，他们获取信息的最主要渠道是互联网。要让我们的课堂比游戏、比网络更有吸引力，挑战变得越来越难。教师应该怎么办？学校应该怎么办？

需要回归到学科本质上来看，本质不仅仅是知识、素养、思维、理念，信息爆炸的时代我们的老师不要被知识的海洋所淹没，应该更清晰地看到有哪些是不变的，有哪些是可以在未来产生更深远更积极的影响的。

"教"要更多地转化为学生的"学"，因为再怎么教，能教的东西也有限，可以产生影响的其实是我们的想法，多样化的世界怎么让学生更多地去学，也是我们需要思考的。

因此北大附中更重视课程建设。让老师建设好课程之后，给学生的"学"搭建更多的平台，学生有更多的选择，可以在里面自主地选择和学习。

课程建设有两条线索：一是我们要建设一个系统、一个结构、一种思维，来形成丰富的学习资源和更多的手段方法；另一个是要针对每一个学生，在互联网时代更充分地去中心化，去掉更多的权威，让每个人的创造性都能得到有效激发，都能自主地学习，自觉地探索。

这个时候教学设计要更强调个性化。课堂充分表达，课堂组织、评价、任务驱动设计，都要实现学生的个性化学习。课程建设系统性的资源，个性化的管理评价，就是为促进学生的自主学习，让学校真正变成学生可以充分发展个性的地方，这也是附中改革的重要目标。

但是学校能不能承担这些？我们的学校实际是一个小的半自然的生态环境，学习已经那么丰富了，社会变化已经那么快了，如果我们还是单纯地围绕在学校之内建设，怎么让学校开放？我们认为，要让学校更多地走入实践，走入学生真正的生活，能够跟社会跟资源更密切地结合，跟时代的发展和变化更充分地融合。不仅有学校资源，还要有外部资源，不仅有线下，还要有线上，不仅有专职的教师，还要聘用更多的兼职教师。

这种情况下老师到底应该做什么？很多优秀的社会资源都可以引入学校，但那些并不一定是专为学生量身定制的。在这种情况下，老师就要变成一个整合资源的人，他了解学生的成长和发展规律，可以为学校提供资源，能够给学生提供帮助和支持，能够把学校和社会联系起来，把学生的书本学习和他的实际生活联系起来，把他的意义和价值跟他的能力联系起来——这是今天的老师需要去面对的主要任务。

像李冬梅这样的信息技术老师，在今天这个"互联网＋"的时代应该是学校发展变化的先锋，应该能够带动、帮助其他老师更开放、更合理地整合资源，针对学生的需求和动机帮助学校转型变化，形成学校新的教育和学习的生态。

传统学校里有很多条条框框，教室把学生框住了，一节一节课的时间把学生分割了，一个一个学科让他本身的一种经验和对社会的感知与理解隔离开了。今天我们办学校，能不能打破这些，让他跟生活跟现实跟社会的发展结合起来？这就需要我们突破固有的思维。

其实互联网已经突破了很多，时间上突破了，碎片化的学习，泛在的学习，随时随地的学习，突破空间的学习，以前不能得到的知识现在可以搜寻到了，以前不能见到的老师现在可以见到了。以前我们的教室是这样，排排坐，听讲记笔记，现在我们有电脑，随时能上网，几个学生可以组合在一起互相讨论了，可以不受时间的约束自己去学习了。

在这种情况下，老师应该出现在什么地方？怎么出现？学生的动机、想法、学习、实践，怎么去创造条件，怎么评价？学校是不是可以更开放？老师角色怎么变化？

很多东西不是靠知识传授得到的，包括信息技术学科非常学科化的内容都是要实践和参与，要跟生活联系起来，更多德育教育、价值观教育、公民教育、团队精神，怎么去实现？这就需要大家不断地思考和创造，从零到一怎么去建设？所有的老师都面临着新的创造、新的转型，不断开拓和创新的问题。

像信息技术学科这样的一些年轻学科已经走在了前面，它有后发优势，它能形成一种新的引领，给教师带来角色变化，在课程建设和学校发展中起到积极作用，推动我们每一个学校，面对每一个学生的成长去发展和建设。

4

语文课改：
再见，语文书！

语文教育的人文性、思想性、开放性不仅
仅体现在教材本身，还在于能否将课程与
学生的现实需求和未来生活相联系，在学
校与社会之间搭建桥梁。无疑，经典文本
的专书阅读提供了稳定可靠的有力保障。
经典阅读是人文教育的重要途径，也是语
文教育的魅力所在。

从传统教材到经典阅读

2014 年 9 月新学期开始，经过紧张筹备的"经典阅读"课程在北大附中正式启动。所谓经典阅读就是抛开原有的统编教材，以经典文本的专书阅读为载体，在语文和英语两个学科内部进行全面的课程改革。

以语文学科为例。根据国家新课程标准要求，结合高中生的年龄特征和阅读习惯，语文教师们开设了针对《孟子》、《史记》、唐宋八大家散文、《唐诗三百首》以及《红楼梦》、鲁迅作品、现当代散文和小说等在内的经典阅读课程。采用课前教师指导，学生自主阅读并撰写读书报告，教师组织课堂讨论和小组分享为主的方式，以及过程性评价和终结性评价相结合的评价体系。传统的语文课消失了，取而代之的是对经典文本的阅读赏析。

将近一个学年的时间，学校课程委员会几乎每周都会组织语文教师共同研讨，大家一起做学情分析，不断调整实施方案。同时多次召开语文课程沟通交流会，邀请家长研究探讨，共同建设北大附中的语文课程。

家长会上，开设《唐诗三百首》赏析的老教师张国富代表参与课程改革的语文教师介绍课程实施情况时，言辞恳切地指出了语文教学的现状：语文学科既有工具性又有人文性，作为语文教师责任重大。语文的外延与生活相等，语文学习受益终生。语文的知识很重要，能力很重要，素养更重要，这些都直接影响到教师的课程设计。

这位从教三十多年的语文教师坦陈当前教学中面临的两难处境：只教学生学会考试太短视，不适应时代发展，在大环境存在考试的情况下只关注能力又不现实。虽然在具体教学活动中，老师们都会与时俱进地针对学生情况对教材做出相应调整，但他们仍然感觉到无论教材还是教学活动都亟待改进。事实上，在学校改革之前他们就曾经酝酿过，想要合力编出自己学校的专属教材。

在学校发给家长的课程手册（征求意见稿）上，清晰地标注着：作为校本国家必修课程、定位于以经典阅读为载体的北大附中语文课，希望通过教师引导和指导学生自主阅读、思考、探究、表达与评价，达到以下目标——

积累相关的语言、文学、文化知识，汲取经典著作中的营养，内化为学识、修养；学习阅读的基本方法，掌握要领，通过探究形成一定的阅读理解、鉴赏评价能力；在研读经典的基础上，形成观点，表达观点，交流思想，提升批判性思维能力；增强对中华民族的文化认同感，同时，开阔眼界，阅读理解外国优秀的文学作品。

语文教师出身，常年征战高三的预科部主任景志国思维缜密、经验丰富，在他看来，用不用传统教材和语文高考成绩好坏没有必然联系，因为高考的总体发展趋势是与教材关联度越来越弱，不是说学了必修教材面对高考时就能应付自如，基础知识并不是最令人担心的，学生的阅读和写作能力才是真正需要长时间培养的。经典阅读的课程中大家只看到一本书，但是教师在课堂上对学生各方面能力的培养是无形的，只要做到位，学生能力自然提升得快。

经过长达五六年的改革，全面实行走班制的高中部和全力以赴备战高考的预科部作为两个日臻成熟的体系纳入到北大附中教育改革的进程中，已经成为这所学校的重要特征。每个阶段都有所要达成的目标、需要完成的任务以及各自不同的配套设施和教学模式，在尊重高考既定游戏规则的前提下，立足于学校文化建设特色教育，走差异化的发展道路。

在 2015 年初一次关于语文课改的专场交流会上，语文教师董玉亮非常明确地告诉家长：我们不能高中三年都做同一件事情。在他的记忆中，北大附中的语文教师很少有把高中语文教学当成应试教育的。他十五年前入职时的语文教研组长胡蕾老师就曾鼓励他要自己去摸索，去学习，逐渐形成自己的教学风格。每位老师都应该拥有一套自己的教学方法与教学技巧，绝不能照本宣科，绝不可以拿来就用。

在他看来，"经典阅读"的深度和广度都好于统编教材，学生用心读了自然就会产生表达的欲望，读的多了写的多了，再加上教师循序渐进的引导和深入浅出的解读，学生的语文能力自然会提高。以他开设的"鲁迅作品选读"为例，鲁迅先生的作品本身就涉及多种体裁和题材，学生通读精读之后，面对高考自然会有更大优势。

董玉亮认为，学生在统编教材中的学习压力实际并不大，毕竟阅读量不大时间又长，教师如果处理得简单就会"彼此快乐天下太平"。但是，在老师、课程、学生三者当中，学生的学习主动性才是最重要、最根本的一环，如果没有形成良好的阅读习惯，到"经典阅读"中缺点就会完全暴露出来了。

就像当年语文组长不希望他受到其他老师的教学模式影响一样，今天董玉亮也不希望他的学生在学习和成长的路上被旧的经验所束缚。面对八个学段的"经典阅读"，他希望孩子们脚踏实地汲取经典中的营养。他说，经典不会一见如故，阅读经典的效果也不会立竿见影，经典成为经典往往需要有一定的距离，但是会越走越近，越走越温馨。

学校的课程建设也以同样的节奏按部就班地有序推进。通过一轮轮调研、反思，不断地摸索调整，从琐碎的教学环节如何落实到课程体系的整体架构，从一次次与家长坦诚沟通的专场交流会到以校会作业形式征集全校学生对课改的意见和建议，没有空洞的概念和口号，没有花里胡哨的形式和高深莫测的理论，没有坐而论道，没有移植和复制，一切都是脚踏实地、实事求是的，是在自己土壤上原生态自然生成的过程。

守望经典　阅读人生

2015 年高考结束之后，北京考卷的两个作文题"深入灵魂的热爱"和"假如我与心中的英雄生活一天"受到广泛关注。

北京大学中文系毕业的一位博士母亲和她在北大附中初中读书的女儿选择了第一个作文题分别试写，母女俩的作文放到网上后立即引起热议。

与妈妈怀旧的文艺风不同，北大附中初中生的高考作文显得清新活泼灵动自如：

> 说到我热爱的东西，是数不胜数的；说到我在灵魂深处最热爱的东西，那就一定是鸟了；而说到鸟，就打开了我的话匣子。
>
> 世界上的鸟类一共有近九千种，我国有一千多种，分为猛禽、涉禽、游禽、攀禽、走禽……这是所有鸟类爱好者都熟知的，而鸟类对我来说远远不止这些。刚上初中，我加入了博物课，由于我认为植物太过安静，又厌恶昆虫的外表，就误打误撞地选择了鸟组。很快我就爱上了这群把天空当作王国的物种，五彩斑斓的羽毛吸引着我的眼球，

飞翔着从天空中划过带动着我的内心。我喜欢鸟，因为它们无忧无虑、无所拘束，可能是因为我也向往这种自由的生活。

渐渐地，鸟类成了我生命中不可缺少的一部分。走在路上会不时地抬起头，寻找树梢上有没有跳跃的东西；打开窗户竖起耳朵，通过叫声辨认出不同的种类；不论上学还是游玩，书包里总装着一本鸟类图鉴。它逐渐走得越来越深，抚慰我的内心，填充我的灵魂。

可是如今，随着人们对自然的破坏和捕杀，越来越多的鸟类成为稀有物种，想到未来的一天可能再也听不到它们的歌声，就会打心眼里觉得伤心。一次逛街路过花鸟鱼市场，发现店里又添了一种动物，喜鹊。从它在笼子中紧张的踱步和看着我恐惧的眼神中，我发现它是野生的。我顿时感到一种愤怒和同情，和老板说了半天理，讲了很长时间的价格，最终花了九十块钱将它买下，把它还给了蓝天。当我把笼子打开，它头也不回地飞走时，我发现我并不是奢求它会感激我或者记住我，而是因为我太热爱它们了，冥冥之中我不希望它们受到一点伤害，更不希望是来自人类。

如今我发现，当对它的热爱已经深入到灵魂之中的时候，所期望的不是接触，也不是拥有，而是希望它能得到真正属于自己的，去到它应该存在的地方，没有捕捉，没有杀戮。

虽然无法推测高考阅卷教师会给这样的作文打出怎样的分数，但是可以想象老师的评语："构思新颖，感情真挚，文字优美，切中主题。"

北大中文系毕业的博士妈妈是这样评论的："我很惊讶女儿在这么短的时间里写出立意这么高远的文章，不但写出了'深入灵魂'的爱，还对现实进行了深刻的反思和批判。这跟她参加博物课热爱大自然有关，她连续两个暑假去秦岭观察鸟。好的文章一定要有生活感，虽然题目很大，女儿却从自己真实的热爱写起，立意高，细节真。"

这番评论强调的是写作与生活的密切关联，只有在生活中产生了发自内心的热爱才会有感而发，写出好文章，这也就是人们通常所说的，功夫在诗外。

也是在 2015 年的高考之后，人们翻出了诺贝尔文学奖获奖作家莫言在多年前的一篇旧作，讲的是陪女儿参加高考。文章中讲述了备考前一天的种种经历以及参加高考期间的遭遇，感叹其中的艰辛和尴尬。作家本人早年辍学，并没有经历过像女儿一样系统完整的语文教育，他的创作源泉来自乡土民间。

当他去瑞典领奖时把自己称作一个"讲故事的人"，并且深情地回忆道："辍学之后，我混迹于成人之中，开始了'用耳朵阅读'的漫长生涯。两百多年前，我的故乡曾出了一个讲故事的伟大天才蒲松龄，我们村里的许多人，包括我，都是他的传人。我在集体劳动的田间地头，在生产队的牛棚马厩，在我爷爷奶奶的热炕头上，甚至在摇摇晃晃地行进着的牛车上，聆听了许许多多神鬼故事、历史传奇、逸闻趣事，这些故事都与当地的自然环境、家庭历史紧密联系在一起，使我产生了强烈的现实感。

"我做梦也想不到有朝一日这些东西会成为我的写作素材，我当时只是一个迷恋故事的孩子，醉心地聆听着人们的讲述。"

与其说这位从迷恋故事的孩子成长起来的文学家是无师自通，不如说"村里的许多人"都是他的语文启蒙老师，田间地头、牛棚马厩、爷爷奶奶的热炕头就是他的语文课堂。二十一岁离开"高密东北乡"去参军的时候他的背包里装的是母亲卖掉结婚时的首饰帮他买的四本《中国通史简编》，20 世纪 80 年代的思想解放和文学热潮中他开始尝试用笔"讲故事"，其间通过阅读受到了美国作家威廉·福克纳和哥伦比亚作家加西亚·马尔克斯的重要启发。

莫言将自己在小说领域的创新成就归结于"继承了中国古典小说传统又借鉴了西方小说技术",实际也是将语文学习和写作训练最有效的途径指向了经典阅读。当他在解放军艺术学院读书并开始一系列小说创作时,中国社会正流行一句口号:"为中华之崛起而读书"。它引领也象征了一个时代的阅读狂潮和思想启蒙。如果说三十多年前的学生们对于中西方文学和哲学经典如饥似渴、如醉如痴,那么今天的学生更热衷于在微信朋友圈里寻找心灵鸡汤,在碎片化阅读的小时代书写一地鸡毛的青春感伤。

据北京大学图书馆相关负责人介绍,2014 年北大图书馆的书籍借阅总数为 62 万本,达到近十年来的最低,在 2006 年这个数字是 107 万本。许多高校图书馆借阅排行榜也显示,近年来最受大学生欢迎、高居排行榜前三的大多是《明朝那些事儿》《藏地密码》和《盗墓笔记》之类的通俗作品。

有评论指出,校园本应是培养青少年阅读习惯的主要场所,但当下升学、考试与就业似乎成了国民教育的重要主题,阅读被功利性地划分为对考试有用的和与考试没有直接关系的,这种功利的教育观念直接影响了孩子们的阅读取向,纯粹以兴趣为出发点的阅读,在以应试为目的的功利化阅读面前,显得力不从心,这对培养和引导青少年建立健康的阅读习惯有害无益。

在《人民日报》2015 年推出的"聚焦全民阅读"专题系列报道中,有一篇题为《孩子,你今天读书了吗?》的报道尤其引人关注。文中明确提出"青少年的精神发育史就是他的阅读史"。强调"阅读不仅影响着青少年的学习生活,也深刻地影响着他们的文化素养、精神世界以及未来的成长轨迹",指出"应当从国家发展的战略高度去打造全民阅读的书香社会,特别是培养青少年良好的阅读习惯,为青少年成长注入正能量"。

从这篇报道中我们了解到:"全民阅读在许多国家被当作国家战略。美法德日等国家都由元首领导出面倡导阅读，英国政府拨款资助诸如'阅读起跑线''1 英镑购书计划'等项目。早在 2001 年，日本就颁布了《日本儿童阅读推广法》，对国家和地方及公共团体的责任进行明确规定，使日本少儿阅读推广活动的开展有了明确的法律保障。美国的图书馆资源丰富，公立图书馆的图书及音像资料全部免费开放，刚出生的婴儿也可以办理借书证，使得很多美国孩子从小就养成了爱看书的习惯。"

当今世界，文化作为民族凝聚力和创造力的重要源泉，在综合国力竞争中的地位和作用日益凸显，通过阅读，特别是经典阅读，加强对青少年学生的中华优秀传统文化教育，对于培养中华优秀传统文化的继承者和弘扬者，推动文化传承创新具有重要意义。

2014 年 3 月，教育部印发了《完善中华优秀传统文化教育指导纲要》。指出在不同学习阶段推进中华优秀传统文化教育的主要任务：小学阶段以开展启蒙教育和认知教育为重点，初中阶段要求注重增强理解力，提高认同度，引导学生认识文化传统和基本国情，培养作为中华民族一员的归属感和自豪感。高中阶段则"以增强学生对中华优秀传统文化的理性认识为重点，引导学生感悟中华优秀传统文化的精神内涵，增强学生对中华优秀传统文化的自信心……引导学生深入理解中华民族最深沉的精神追求，更加全面客观地认识当代中国，看待外部世界，认识国家前途命运与个人价值实现的统一关系，自觉维护国家的尊严、安全和利益"。

《纲要》明确要求"把中华优秀传统文化教育系统融入课程和教材体系"，"在课程建设和课程标准修订中强化中华优秀传统文化内容。围绕中华优秀传统文化教育的主要任务，适时启动课程标准修订和课程开发的研究论证、试点探索和推广评估工作。在中小学德育、语文、历史、艺术、体育等课程标准修订中，增加中华优秀传统文化内容比重"。

2014 年 11 月，北京市教委正式发布了《北京市基础教育部分学科教学改进意见的通知》，要求将中小学语文、英语及初中物理、化学等科学类学科纳入改革进程。其中，关于语文学科的改进意见明确提出"中高考增大阅读量，重视传统文化经典"。高中阶段要求"积极引导学生感悟中华优秀传统文化的精神内涵。可以采用专题学习的形式，加深学生对中华璀璨国学文化、悠久历史文化的了解，教育学生弘扬民族精神，传承民族文化，发扬传统美德。可以基于校本课程，选择经典国学作品以及重要革命文献，有重点地指导学生进行研读"；要求"初中每学年阅读三部以上经典文学名著，高中每学年阅读五部以上文学名著及其他读物"。

从这个意义上来看，北大附中正在进行的基于经典阅读的语文课程建设提供了一个非常有价值的探索路径。高一、高二两年八个学段的经典阅读课程，使得大部分学生有机会在高中阶段在教师指导下有序完成八部经典著作的学习。不要说内容分析和课堂讨论，就单单是按照老师介绍的经典版本，翻一翻大部头的《史记》《红楼梦》，记住几个场景、几个人物和几段生动的文字，也已经算是不小的收获了。

实际上，语文教育的人文性、思想性、开放性不仅仅体现在教材本身，还在于能否将课程与学生的现实需求和未来生活相联系，在学校与社会之间搭建桥梁。无疑，经典文本的专书阅读提供了稳定可靠的有力保障。经典阅读是人文教育的重要途径，也是语文教育的魅力所在。

就像北大附中开设"鲁迅作品选读"的教师董玉亮给学生布置作业时所写道的：

> 我始终觉得，这时代脚步太快、噪音太多，热情与理智太少。幸运的是，我选择了教书，这当中有着找到所有美好的可能。作为一种

身份标识，我是在做了老师以后，才学着如何当老师的。最近几年，越来越感觉到，一个好的老师必须能够让学生真诚面对自己，进而怀抱着对世界的敬意。

作为一名普通的教师，我懂得教育并非无所不能，只是提供种种可能。面对自己的无能为力，或许才能更尽力，四周的环境愈加纷乱、嘈杂，这时候，经典的力量就愈显其珍贵了……生命似乎又被这些经典重新安置了，就像只小小的萤火虫，在暗夜里，拥有着更多的快乐。

经典常常是在我们的上方，端坐凝视。现在只须我们和她走近些、拉拉手，两心相悦，没准还彼此依恋呢。

北大附中开设"《红楼梦》研读"的都晓梅老师在设计规划自己的经典阅读课程时是这样思考的：

碎片化阅读时代，学生多是低头一族，很久没有触碰过"大部头"的经典作品，更注重读书的娱乐性、实用性，而偏离了最为本真的阅读。经典阅读便是想做些"守望"的工作。

尊重阅读。首先要尊重学生的原始阅读，不急于借助学者研究成果或专家的个性解读，不急于附着阅读方法、教学目标，让学生沉浸于文本之间，还阅读以清净自在。

尊重他人。说话和聆听是不能同时进行的，讨论过程中要注意聆听他人发言，并正确提取关键信息，有意提高自身分析概括能力。

尊重自我。尊重自我的阅读感受、写作特点，有独立见解并能流畅表达，观点明确，并能有理有据进行阐释。

希望以此达到的课程目标是："培养良好的阅读习惯，掌握多种阅读方法，提升写作水平。兼顾阅读与写作、思考与表达、独立与写作能力的培养，通过每课必有的一家之言和每周一次的写作练习，引导学生向外关注社会百态人生，向内体察自我的丰富和发展，从而更为深刻地观照世界，更为自如地表达自我。"

5

穿越唐朝
的完美假期

学者蒋勋形容唐朝就像汉文化一个短暂的
度假期，是一次露营，一场短暂的出走。
唐诗的灿烂与华美带给人无尽的审美享受
与感动。"《唐诗三百首》赏读"这门课，
带你穿越唐朝，享受一个学段的完美假期。

作为北大附中语文教师中最年长的一位，曾经当过语文备课组长的张国富现在是学校课程委员会委员，和来自其他各科的骨干教师一起参与学校日新月异的课程建设。当学校决定放弃统编教材改用经典专书作为阅读文本时，尽管明知道将要面临巨大的挑战，但他依然在暑假期间带领老师们一起统筹规划、合理布局新的课程内容，在没有任何成熟经验可以参考借鉴的情况下，兼顾教师们的学术背景、兴趣爱好、教学经验、知识点分布，学生年龄特点和学习能力等多方面因素，搭建起了具有北大附中特色的"经典阅读"课程的基本框架。

这位看起来比实际年龄要年轻很多的老教师被学生们昵称为"国富叔"，在他的身上还有人们传统印象中语文老师的影子。他说话的腔调，讲课的节奏，对学生的态度，对课程的把控都带有鲜明的时代烙印，第一眼看上去也许没有那么炫那么酷，但是相处之后就会让人感到踏实、平和，可以信赖。

在这个永不停滞的学校里，他的心态也比一般学校的年轻教师要开放得多，比较能够接受新事物是他对自己的评价。这位性格本分、风格相对传统的教师一直在学校的各种变革中努力适应，不断学习并充分发挥自己三十多年和学生打交道的经验，在之前开了一年的写作课上，他最欣慰的就是学生们最后写道："从此以后不再惧怕写作了。"

很难想象在课堂上谈笑风生、从容自如的张国富是一个性格内向的人。出了教室不喜欢说话，形容自己的性格多数时候都很沉静。当老师对他来说其实纯属偶然，和那个年代很多人的经历一样，高中毕业后回家务农，乡里选中他去当民办教师，只是因为他的高中班主任在毕业评语上写了一句话："该名同学可以当一个不错的语文老师。"

虽然至今也不知道老师如何得出这样的结论，但是这句话奠定了他未来一生的职业道路。

和老师的评语略有不同，民办教师张国富起初教的是数学而不是语文。两年之后的 1978 年，他陪着自己的学生去县城参加来之不易的高考复习，在那期间，他作为班主任，任务是陪读，闲暇时间在文印室帮忙刻钢板，所有给学生复习用的材料就这样从他手上过了一遍，翻印之后再发给学生，一边印着一边无意中学了一遍。当时并没有想过参加高考，听了上过农校的姐姐的劝告，三个月之后他和学生一起参加了高考，考上了当时的河北师范学院。

这个经历让他对今天北大附中将高一、高二的高中部和高三的预科部一分为二的教育管理方式很容易理解，他经常用自己的亲身经历告诉学生："高考那点儿事儿，没啥了不起。"

2014 年秋季，新学期开始，国富叔带着新出炉的"《唐诗三百首》赏读"走上讲台，这门几乎完全是从零建起来的课程凭借充实的课程内容和教师自身多年积累的品牌效应受到了学生们的追捧。自认为抱着开放的心态接受新生事物的他，对新课程的期待只是希望十几年以后学生们回想起来会觉得跟他一起读了唐诗很有收获，"这样就满足了"。

和中国古代农业文明其他时期的安分守己秩序井然不同，唐朝"调整了一下历史的角度，给个人以空间"，所以学者蒋勋形容唐朝"就像汉文化一个短暂的度假期，是一次露营，一次短暂的出走"。唐诗的灿烂与华美带给人无尽的审美享受和感动。开设"《唐诗三百首》赏读"这门课，张国富就是想要尽自己所能带给学生们一个学段的完美假期。

他将课程定位于"赏"，想要通过阅读欣赏《唐诗三百首》，培养学生分析鉴赏唐诗乃至中国古代诗歌的基本能力，增强文学素养。而要实现这一目标，必须解决好"读"的问题。"读"是前提，是基础，是桥梁，没有"读"，谈不上"赏"。但是也恰恰是"读"这个环节，学生的基础十分薄弱。

这是他的新课程面对的第一个挑战。当初第一轮教的时候学生的水平完全出乎他的预料，原以为大多数孩子从幼儿园时代甚至更早的时候就读古诗，背古诗，小学课本初中教材里也都有很多古代诗歌，学过了，读过了，背过了，应该已经达到一定的层次，可是一上课才发现，真正给他们留下点儿印象的少得可怜，不少学生几乎是零起点。究其原因，大致还是因为过去学习的过程不求甚解，对诗歌的感受枯燥乏味。

学生读不进去，读不懂，读不出意思，读不出意蕴，成了首先需要解决的问题。唐诗如同包着一层坚硬的外壳，学生破不开，就无法感受它内在的美，就无法产生兴趣。为此在做课程规划的时候，他特别重视这个环节的设计和安排，在起始课和后续的课堂活动中都贯穿着"读"的指导。

在备课的过程中他几乎翻遍了各种读本，在浩如烟海的《唐诗三百首》的版本中竟然很难找到一本真正适合高中生这个群体阅读的注释版本，失望之余，他决定自己动手做注释。这个时候他的教学经验发挥了作用，虽然过程是艰辛的，但是他也乐此不疲，希望通过这个工作，也能够为自己的经典阅读课程留下一个小小的成果，那就是——做出一本面向中学生的《唐诗三百首》普及读本。

在解决了注释的问题之后，张国富更重要的任务是教给学生伴随思考的

"阅读"：从有形可见的文字、诗句，读出无形的内涵——诗人的思想、态度和情感，让学生从字里行间，读出变化万千的画面，读出缤纷烂漫的色彩，读出高低强弱的声音，读出神态各异的鲜活的人物，读出一千多年前的社会生活。

在课程导读中，他从经典阅读中"阅"字的结构入手指出："阅读"是要入门的，入了门的"阅读"，会使你充实，会给你美的享受，自然而然，就会变成"悦读"——累并快乐着。

张国富在课程中明确了阅读的基本原则：穿越唐朝解读，立足当代欣赏。

借用网络流行的玄幻小说和各种电视剧蔓延开来的"穿越"的概念，运用他自己对于唐诗的理解，想方设法调动学生的兴趣和想象，带着他们共同穿越到唐朝与诗人对话。

也只有"经典阅读"的课程才能达到这样的境界。如果说之前按照传统教材的安排，一个学期内古代诗歌只有一个单元的学习，一周不到的课时，只能浮皮蹭痒地了解若干知识点，蜻蜓点水地读几首诗，不可能有系统学习的机会，那么现在长达九周的时间，每周两次和唐诗的相遇，让教师有了更大的发挥余地，可以更从容地调配教学资源，为学生营造一种持久稳定的学习氛围。

他从这三百多首诗里精挑细选出具有代表性的七十多首，采用精读和泛读相结合的方式，在阅读中认知知识典故、主题思想、写作技巧等内容，站在时代背景下，从宏观的角度进行分析、归纳和考量，看诗歌的发展，看诗人的创作，看作品的风格，看流派的特点。

要通读唐诗三百首，要精读七十首，背诵三十首，要分组讨论，要写读书报告，要进行有个性的欣赏评价，还要写诗，可以说他的课程是最累的，但是学生们的收获也是巨大的。

在语文专场交流会上，他以最朴实的方式向家长郑重承诺："我不能保证我做得有多好，但是我一定好好做。"

经过一年的探索尝试，他兑现了承诺。在不断地实践、总结，不断地反思、调整的过程中，摸着石头过河，结合学生的状态和家长的反映，结合自己在每一轮中的感受以及同事们相互交流经典阅读的经验和问题，他的课程日臻成熟。空闲的时候，他喜欢坐在自己的专业教室里翻一翻学生留下的读书报告和课程总结，读着孩子们字里行间流露出来的喜悦和成长，让人身临其境地回到当时的课堂。

唐诗如画
赵彦一

不止一次，我曾幻想过盛唐时的长安城：花红柳绿，百草芬芳，宽敞的长街上车水马龙，店铺林立，一派热闹繁荣之象，宏伟的建筑群气势磅礴、起伏连绵、富丽堂皇。那时的我天真地以为，唐朝只有繁华，没有衰落。长安，长长久久的安定祥和，我不会想到它也有满城风雨、零落飘摇的样子。

小时候读唐诗，读的也多是"举头望明月，低头思故乡"一类需要深思才能懂得诗人心境的诗句。看见"思故乡"，就想象成诗人是外出打工，想着过年回家团圆，完全不懂得李白那份深夜静思、孤客异乡、秋寒霜起的孤寂与凄凉。

上了"《唐诗三百首》赏读"的课程，我渐渐在这三百多首唐诗中读出了真实的唐朝。它不只有"五陵年少争缠头，一曲红绡不知数"的奢华奢靡，也有"野蔬充膳甘长藿，落叶添薪仰古槐"的清贫困苦；

感谢附中
感谢延长寿

爱附中, 在那段岁月,
遇到的那些人,
给予我力量,
让我在千里之外
一直坚强.

一本书　就是一个世界

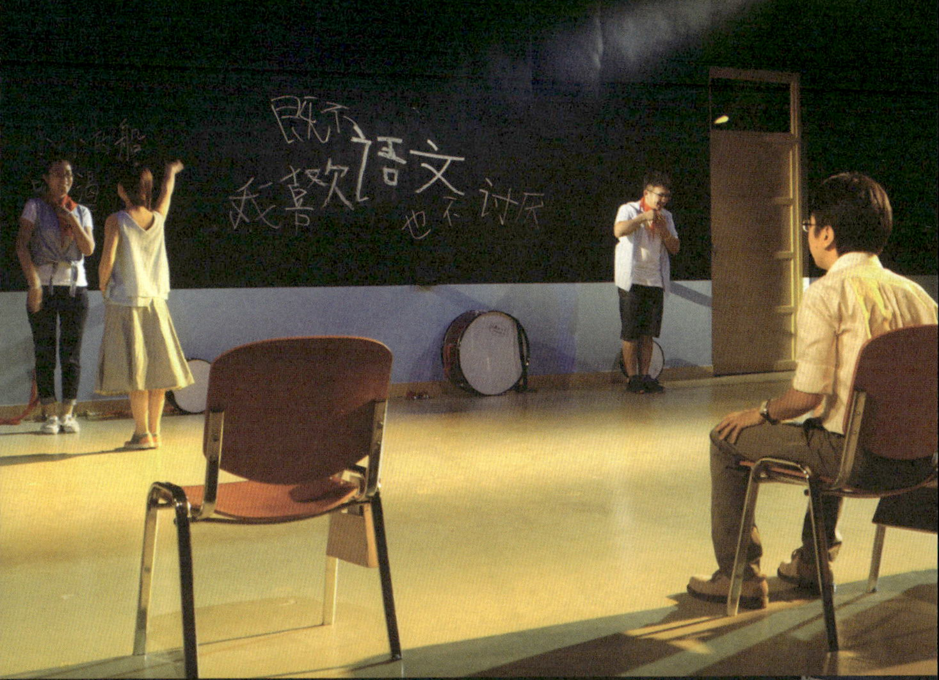

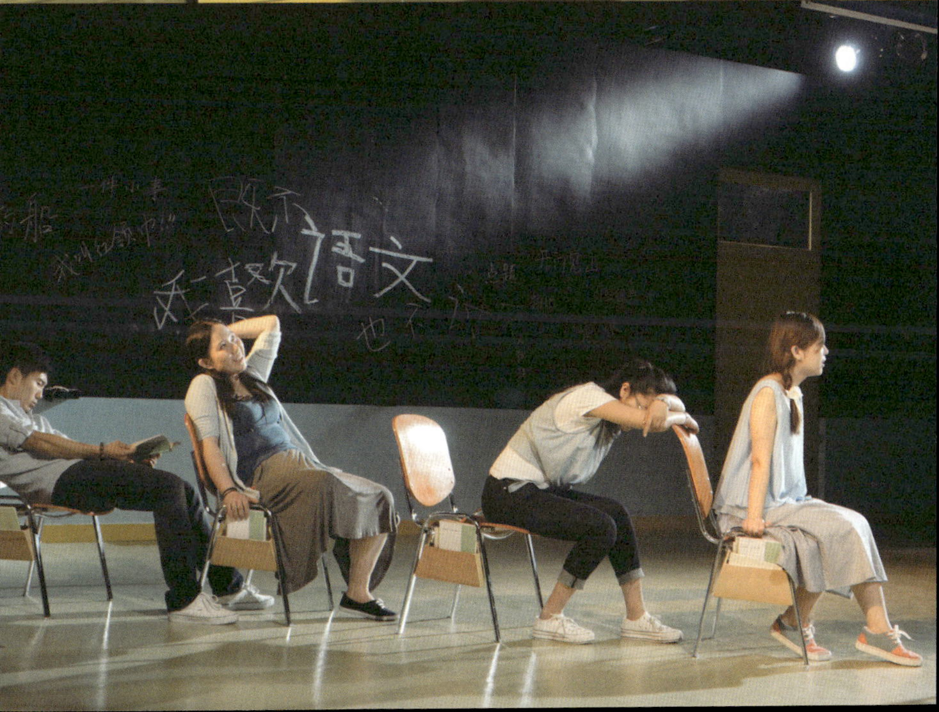

北京大学 附属中学

基本的社会组织：家族

它不只有"入蔡缚贼献太庙，功无与让恩不訾"的君圣相贤，也有"汉文有道恩犹薄，湘水无情吊岂知"的委屈荒凉；它不只有"四边伐鼓雪海涌，三军大呼阴山动"的意气轩昂，也有"无人收废帐，归马识残旗"的悲壮凄惨；它不只有"后宫佳丽三千人，三千宠爱在一身"的殊宠风光，也有"红颜未老恩先断，斜倚熏笼坐到明"的色衰爱弛。

我这才晓得，唐朝与唐诗是深邃而复杂的，是值得一读再读、一看再看的，因为不可能有人一次就把它看透、看全。常读常新，方为经典。

或许，唐诗的魅力就在于此。就像一位名家的画作，初看只觉得惊艳、美丽，仔细打量才能体会出画家下笔的斟酌。唐诗也是如此，不沉下心去欣赏、去品味，定然是体悟不到诗人的情感的细腻与用词的考究。名家画作值得收藏，名家的诗作自然也值得作为民族瑰宝，被一读再读，千古流传。

故而，唐诗如画，绮丽辉煌。

感谢经典阅读，
让我在十六岁
没有错过《红楼梦》

6

我们驾驭不了经典，我们会被经典驾驭。
更丰富的同时就会变得更平和。

都晓梅的课堂上，正心书院的女生辛迪和她的两个小伙伴在针对《红楼梦》的小说内容对同学进行了几轮提问之后，发布了辩论题目"女子无才便是德"，临时组成的正反双方争论相当激烈，无论是正方还是反方，男生的表达都很积极踊跃，有人认为好女生就应该温良贤淑像平儿像紫鹃，也有人认为腹有诗书气自华的黛玉才最完美。一直坐在教室最后排的都晓梅忍不住参战，当然是支持反方观点：女子有才才是德。很显然，不是因为反方学生的力量太弱，而是因为她自己内心就是这样的想法。

研究生毕业那年，本来有机会去当记者，但最终还是选择了教师这个职业。不是因为家人说她长了一张老师的脸，也不是图教师工作的安稳，而是因为从小就喜欢文学，喜欢所有教过她的语文老师。从小看《人民文学》看《收获》看鲁迅看《红楼梦》，上中学当过文学社社长，形容自己学生时代很像一个文学女青年。这位思维敏捷、口齿伶俐的文学女青年，看起来适合当记者，更适合当老师。

"《红楼梦》研读"的课，大部分时间都是学生在讲，偶尔她也会参与讨论，但是完全让人感觉不到有一个老师在场。这个喜欢穿花裙子打扮漂亮得体的女老师已经工作了十年，在高三待了五年，这样的工作经历赋予她的不是板起面孔训人，而是在和学生交流的过程中越来越驾轻就熟游刃有余，在搭建起整个课程设计的基本框架之后，她感觉就像是和学生一起乘上了开往远方的列车，沿途风景很美，老师不需要做太多的干涉和介入，只要陪伴学生一起领略风景就好了。

正是因为胸有成竹，所以顺其自然。有年轻老师来听她的课，向她请教课程设计，如何组织学生进行讨论，如何激发学生的阅读兴趣，她也是告诉他们顺其自然。

回想刚工作的时候，她对自己的课堂也不满意。当时她的语文组长委婉地提出来："晓梅，语文课不是讲故事啊。"因为她上课给学生们讲各种唐诗故事，看着孩子们无比崇拜的眼神儿，她感到特别陶醉和享受。但是多少年之后当她有了经验再回过头去想，觉得老教师点拨得非常对。既然语文素养不是一天可以养成的，语文课就应该是一个生命自然对话的过程。

这个文学女青年出身的中学语文教师虽然足足带了五年的高三，上课时却从来不会说什么"这个地方会考到，要给我记下来""这个知识点不重要可以略去"诸如此类中学老师常有的口头语。在她看来，语文课不应该有任何功利目的，它带给学生的远远超过考试本身："它让你的心灵更丰富更细腻也会更容易受伤。但你如果觉得生命很有限，将来除了事业心之外还愿意读读书，它能让你的心灵更丰富一点。"

当初开设"《红楼梦》研读"有部分家长表达过顾虑，没读过的人害怕《红楼梦》太高深，孩子读不懂，读过的又担心里头有好多少儿不宜的内容，但是都晓梅觉得从学校课程建设的语文经典阅读出发，《红楼梦》无论从篇幅体量还是内容的深浅度和延展度来说，都是最适合的。

经典阅读希望高一、高二可以一起学习，也希望增加学生课外阅读的时间，《红楼梦》都能满足。

学段课是九周，除了起始课和段末考试，讲课时间是八周，一周两次课一次课讲五回，八周八十回，整个儿曹雪芹的前八十回简直像是按照她的课程进度来写的。对学生来说，每天半小时阅读量的小说，一回半左右的篇幅，也可以前赶后错稍微从容点儿，很轻松就能拿下。课上一起读个两三万字，一年下来阅读量刚好。课后她也没留什么作业，除了十回一个微写作，就是每一回看了写一行短短的批注就行，任选一个地方任选一个人做脂批，放得很开。

小说中的主要人物跟学生的年龄相差不多，写作相隔的年代也不算久远，心理特点相对贴近，读书的时候更容易产生共鸣。但是要带着他们往深里挖，不是满足于看个故事情节就够了，还要做拓展阅读，她每一次都会介绍不同红学家不同的观点，找了一系列文章，从不同线索不同角度看红楼。所以她相信，专书阅读虽然只有一部书，但它带给学生实际的阅读体验并不比统编教材窄，因为可以由浅入深，由表及里，自内而外，无限延伸和发散出去。

这样一来课堂设计就变得尤为重要。小组讨论，组间互评，读书报告，记录关键词，每个学生都要上去讲课文。因为各科都在开展以翻转课堂为目标的教学改革，学生们的主体意识很强，会很自然地进入情境。无论是讲台上当老师的学生还是下面参与讨论的学生，没有人自说自话自娱自乐，有的时候都晓梅会跟学生开玩笑说"你们真是比我居心叵测啊"，因为更了解同学之间的心理状态和阅读习惯，所以学生在提问的环节里会预设陷阱，照顾到很多细节。相比之下，教师提问的连贯性更强，教学设计意图非常明确，很清晰，但也不会有那么多意料之外的小惊喜。

不管怎样的设计，目的无非都是站在学生角度把这个大部头的长篇小说读下来。按照都晓梅的考虑，课前完成的个人阅读在过程性评价里占两分，课堂上的表现只有一分的分值。不论是对家长还是对学生，都晓梅都强调阅读是尊重他人的必备前提，你没有阅读怎么来参与讨论呢？所以让她最得意的设计恰恰是在课外，如果能通过制定恰当的游戏规则让学生在课外按进度把书读完，在她看来就是最大的成功。

因为面对的授课对象是高中生，没有必要也不可能达到像红学专家那样的高度，但是和传统教材中只选了林黛玉进贾府、宝玉挨打和香菱学诗这几个片段不同，经典阅读要和学生们一起通读整本，这给了都晓梅和她的学生更大的思考空间和更充分的发挥想象的余地。

有的学生读了写贾芹的章回，就觉得好奇，说曹雪芹为什么把与自己同名的人写得这么猥琐。她抓住学生的思路深挖下去："这就好像曹雪芹在书中给你挤眉弄眼向你做鬼脸。别人以为很苦，但作家很可能是在苦中作乐。曹雪芹写《红楼梦》的野心不亚于司马迁写《史记》，他是站在哲学的角度宇宙的层面去观照这个世界。如果我们通读之后再回到开篇，就会产生这样的感触：不论时间怎么流逝，我们都是在大荒山下，沧海一粟。"

通过反复通读，她把问题梳理清楚，又归纳整理古典小说的特点，越读越觉得《红楼梦》很多地方并不符合，这让她悟出，所有经典其实都有反经典特质，《红楼梦》的超前性就在于它像西方现代派的戏剧一样颠覆情节。这个发现让她更有兴趣带着学生继续走下去，经典值得反复玩味，课堂就是共同阅读共同发现然后相互分享的过程。

正因为如此，她的课堂从来不给学生太大压力，孩子们有时候参加活动会容易疲劳，要是偶尔课上想休息了，或者不想说话了也没关系。"谁没青春过啊？其实每个人心里都住了一个林妹妹，但是跟人交往的时候都要装成宝姐姐。"她会这样调侃他们。

有的男生上课总是看起来吊儿郎当心不在焉的样子，但是交流之后发现还是看过书也有自己见地的。"也许心里钟爱林黛玉，但故意表现出来不感兴趣。那你也要尊重他，我在这个阶段我就要想孤独一下。"在她看来这都是青春期再正常不过的症状。

所以对经典阅读她有自己的课程定位："你把阅读搞得越自然，学生也会觉得越自然。课堂呈现出来的既不是轻松愉快的，也不是富有哲理的，就是亲切真实的对话。"

即便如此依然有人不喜欢《红楼梦》，她也看得很淡然。不可能让所有人都喜欢上《红楼梦》，喜欢就喜欢，不喜欢就不喜欢。她还引用一位学者的说法，读鲁迅就是和鲁迅相遇，遇上就遇上，遇不上就遇不上。她也去校外听过一些大师讲《红楼梦》，她发现，即使是面对大学教授，面对知名学者，一些学生课堂上的积极性也不高，原因就在于他们优先考虑的是考试，这是当下阅读的大环境使然，不能强求。

和其他一些文科教师不同，虽然现在还坚持让学生摸纸质的读本，但都晓梅认为未来时代电子阅读一定是趋势，就像任何物种不可能长存于世，纸质书早晚也会被取代。在这种思路下她劝学生读书的角度也挺特别："你不是现在还有书吗？那就抓紧看呗，将来还可以和孙子吹吹牛，说我以前读过书。好歹是这个年代的资源和感受，趁它还在的时候就感受一下。"

人家问她这样的淡然是不是因为受了《红楼梦》的影响，她说阅读的影响是一定有的，潜移默化中。"我们驾驭不了经典，我们会被经典驾驭。更丰富的同时就会变得更平和。"

除了《红楼梦》，带高三应该也是让她心境平和的原因之一。预科部的五年磨掉了文学女青年的不少激情，不过她也挺喜欢高三的气氛。大家相处非常融洽，教学比较简单，和学生相处也简单。更重要的是，他们集全组之力做出了北大附中高三作文的学案系列，这也是让她感到很有成就感的一件事儿。

多年带高三的经验让都晓梅更容易理解学校现行的高中部和预科部二一分段的模式，在她看来，高一、高二放开和高考其实并不矛盾，因为高三只要按照高考的游戏规则熟悉了就可以应对，但是饱满的热情和写作欲望是需要在高一、高二培养的，到高三已然来不及了。

在高三的时候，学生们问她写作规范的问题，她却更愿意强调写作激情，她认为需要有效调动自己的阅读积累去面对作文考试，即使考试的时候也不是要你面不改色心不跳，一点情感不投入，纯机械化部队，所以，在她看来高中其实是需要完成一个收放的循环，要有一个节奏的变化和调整，如果没有高一、高二的放就没有高三的收。

也正是出于这样的考虑，从高三下来之后她接了当时的竞赛单元元培书院，也就是现在的明德书院的语文课，那个时候她就大胆地放弃了统编教材，而是采用自己做的文选。第一个学段是最得意的，她把《诗经》和元曲放在一起，之后的三个学段按文学史的线索串讲，从第二学段的唐诗，第三学段的宋词和明清小说，到第四学段现代文学三十年，即使是爱挑剔如元培书院的学生，也称赞她的第一学段是一个"赏心悦目的搭法"，"特别智慧的一个学段"，一年下来，家长和学生都感到满意。

丰富的一线教学经验给了都晓梅足够的底气和自信。她觉得语文学科怎么教都可以，语文课的教材也只是载体和手段，需要考虑的只是如何对学生负责，如何搭配合理，就像小时候玩的玩具魔方，怎么转都可以有最漂亮的组合。

十年的教学生涯在别人可能早就已经产生了职业倦怠，但她却总能品出不一样的滋味儿，找到新的乐趣。学校永不停步的改革有效抵御了倦怠感的产生，而她也从不同阶段的发展中实现了自己的成长。对她来说，中学最可怕的就是死气沉沉，教师需要的就是一片心灵的乐土。

经典阅读的"《红楼梦》研读"这门课，让两百多个孩子在这一个学年里摸过《红楼梦》，是她最大的成就。

家长会上很多家长反映说，孩子回去真的开始看书了。这是让她感到最欣慰的。

当然她最在意的还是学生的感受，教了这么多年书，"他喜不喜欢你从他的眼睛里就能看出来。有的学生跟老师说再见，其实心里想的是再也不要见了"。

让她最感动的，还是一个高一女生在课程结束时对她说的话："感谢经典阅读，让我在十六岁的时候没有错过《红楼梦》。"

博雅学院的魔法课堂与成年仪式

7

学生进入课程之后教师要为每个人建立一套个人档案，学生的学习过程被数据化采集和分析处理；教师利用网络平台将课程建设为社区化模式，如同每个学生都可以随心所欲地刷人人网、刷朋友圈，每个学生也都可以随时随地进入课程讨论专区，通过这种无处不在、无微不至的泛化的学习将学习还原为生活本身。

博雅课程与成年仪式

北京大学社会学系硕士毕业的张玉洁在入职北大附中之前，就曾经在北京市另外一所重点中学实习过。作为一名小学数学教师的女儿，她的从教经历还算是一帆风顺，虽然没有正儿八经地和妈妈聊过怎么当老师的事儿，但言传身教、耳濡目染之间得到的经验让她站到讲台上时总是显得自信和自如。正因为如此，手上握有名校学历的张玉洁在考虑自己的职业规划时，最终锁定了基础教育领域。从北大毕业进入北大附中教书，在一些同学看来是不可思议的选择，对她来说却是顺理成章。

张玉洁在北大附中上的第一门课叫"理解《乡土中国》"，这样的课程名称在其他中学里是见不到的。在社会学系读书期间她的研究方向是政治社会学，当初到中学求职的时候，也是抱着当政治老师的心理准备来的。但是学校把她分到了博雅学院，这里没有语文、政治、数学、英语的概念，有人在用英语教文学，有人在用语文课本谈哲学，以经典阅读来带动文史哲的学习是这个学院在北大附中四大学院中存在的特色，在这样的学术环境中，张玉洁想到了社会学的经典文本《乡土中国》。

被《纽约时报》和《时代》周刊评价为"中国最杰出的政治分析家""社会学教授和中国最深刻的政治评论家之一"的费孝通，从 20 世纪 40 年代开始对传统中国社会进行了持续不断又细致入微的调查研究，从中分析发掘了支配中国社会生活各个方面的"特具的体系和社会结构"，并将其写入《乡土中国》一书。

张玉洁所设定的课程目标是"借助《乡土中国》的宏观社会视角，综合政治、经济、文化知识分析理解传统中国社会，带学生重拾传统过往，感知几千年乡土情怀，更好地认识把握当代社会"。

这样的课程设置也是与博雅学院的教学理念相呼应的。博雅学院有很多年轻教师，他们愿意将学校和教室视为理所当然的培养合作意识、训练协作能力的社交场。在他们看来，知识不再是教学的核心而是观照世界和处理信息的能力。教师存在的意义也不是传授知识输出信息而是基于学术源流激活兴趣。对于教师的定义从单纯的讲授者向新的角色转换，他是那个和学生共同学习的人，是设计和组织实施学习过程的人，是搅动课堂活跃思维的人，是头脑风暴的发起人。

虽然博雅学院所描述和努力达到的那种灵活机动、润物无声的学习状态在既往经验中并不多见，但是也不能因此就认为博雅学院的课堂是对传统课堂的一种彻底颠覆，或者是异想天开和哗众取宠，其中并不存在非此即彼的选择，他们的努力可以理解为将学校这个传统的组织机构置于互联网时代的多种探索形式之中的一种。

这也就是为什么新入职的年轻教师张玉洁得以迅速融入博雅的课堂文化的原因之一。信息技术时代的到来对教育的重大贡献就在于，它使得获取知识培养能力的过程从现在的学习到终身的学习成为一种现实可能。学习的可能性无处不在，唤醒学习的愿望和主体意识才是教师所应当承担的课题。

当然，理念的创新并不一定简单依赖于技术的进步，那些在脚踏实地的实践探索中获取的最朴素的经验才是最可贵的。张玉洁带着《乡土中国》进入北大附中的博雅课堂时也许并没有想到，这将不是一次简单的课程选择而是一次特殊的旅行，经由《乡土中国》，她顺利地抵达了博雅学院并与他们所倡导的教育理念形成一种奇妙的默契。

《乡土中国》脱胎于作者 20 世纪 40 年代在西南联大和云南大学讲授"乡村社会学"的课程内容。在 20 世纪 80 年代的重刊序言中，费孝通回忆了四十年前他自己的课堂："我当时在大学里讲课，不喜欢用现存的课本，而企图利用和青年学生们的接触机会，探索一些我自己觉得有意义的课题。那时年轻，有点初生牛犊的闯劲，无所顾忌地想打开一些还没有人闯过的知识领域。……我是一面探索一面讲的，所讲的观点完全是讨论性的，所提出的概念一般都没有经过琢磨，大胆朴素，因而离开所想反映的实际，常常不免有相当大的距离，不是失之片面，就是走了样。我敢于在讲台上把自己知道不成熟的想法，和盘托出在青年人的面前，那是因为我认为这是一个比较好的教育方法。我并不认为教师的任务是在传授已有的知识，这些学生自己可以从书本上去学习，而主要是在引导学生敢于向未知的领域进军。"

不仅是从个人实践经验出发对教育做了一个个性化的定位，费孝通还从社会学角度观察赋予了学校的存在一种耐人寻味的价值。在《社会性的断乳》这一章里，费孝通介绍了马林诺斯基对澳洲土人生活的社会学报告中描述的成年仪式：孩子们脱离了他们父母亲密的接触、控制和照顾，形成了一个独立的、和别人分开的社会单位。正是从成年仪式中，他们从部落长老那里获取知识和道德，并在那里认识了许多家庭圈子以外的新朋友。

这位著名的社会学家将马林诺斯基介绍的澳洲土著部落的成年仪式与现代学校做了比较，他回想起自己第一天到寄宿学校的情形："一个人被弃落在房间里，门外人尽管多，操场上全是快活的孩子，而我却寂寞地一个人在想家。这是一个不同的世界。在这世界里，没有人来迁就我，若不是自己去寻找人家，人家不会来理会我的。"

由此得出的结论是，现代学校所有的重要性并不在课堂上所传授的课本知识，而在它所形成的年轻人的集团。在社会学家的眼里，学生进入现代学校，其实也就意味着一种成年仪式。

观念更新与精耕细作

提出教育改革的创新思维需要审时度势，但是真正一针一线、一步一个脚印地践行这种新思维新理念的过程会有无法想象的高难度。无论外界如何高谈阔论，真正在教室内部实施教学过程的只有教师和学生，他们所面临的挑战前所未有，随时都会陷入进退两难的尴尬处境。每个人都是从传统教学模式里长起来的，却都深知再也回不到过去，未来愿景看上去很美，可是走过去每一步也都要摸着石头过河，河水深不可测，未来遥不可及。

对张玉洁来说，虽然很快就适应了北大附中和博雅学院的教学理念，但也同时发现了问题所在。如果说传统观念下的教师习惯于满堂灌，那么同样文化氛围中长起来的学生依然会对学习抱有一种功利心。在成功开设了《乡土中国》之后，张玉洁又在博雅学院相继开了《微观经济学原理》和《宏观经济学原理》。报名的学生相当踊跃，这并没有让张玉洁从中获得满足感。相反，她发现一些学生仅仅是冲着未来的职业方向选择了经济学，尽管他们看起来有点儿早熟，可以对老师们做出个人化的评论，但另一方面他们却并不能对学科的核心价值做出准确判断。

　　同样的挑战也来自教师的既有经验与改革的现实需求之间的差距。

　　中学就读于传统学校，张玉洁刚开始做博雅课程也会感到拧巴，不由自主地想要滔滔不绝，想控制课堂，想直截了当地给出答案，回到传统教师的角色位置对任何人来说都驾轻就熟，也都是相对舒服和安逸的。但也正是因为这样一路走来遇到的重重困难，使得张玉洁发自内心地不希望她的学生重蹈覆辙。

　　中学时代是在老师的带领下拼尽全力冲进了大学校门，但是进入大学之后陷入痛苦纠结，之前上学受到的教育是考上好大学就是成功，突然没有人头前带路就会失去方向陷入迷茫恐慌，大学四年是她自我认知重构的过程：读书，做事，寻找方向……

　　进入北大附中之后张玉洁明显地察觉到现在的学生和当年的自己有多么大的不同，她更多地看到学生的优势而不是他们的幼稚，她相信在这个年龄他们也有自己的过人之处，和学生在一起她更愿意倾听而不是教导。博雅学院所倡导的师生平权是她高度认同的，教室里人人平等，在阅读中共同学习共同成长是她理想的课堂状态。

　　如果说身处教育改革核心地带的学校是一个不断更新的生态系统，那么教室就是一个小小的试验田，教师通过观念更新和精耕细作为学生提供一片蓬勃生长的沃土。

　　从自我经验出发，张玉洁确定了清晰的课程规划和目标设定，在课程中她关注的是学生人格的生长和方法的学习。在她看来，每本书都有价值观，阅读是学生和作者的对话。不仅要试着解答自己，也要去解答别人的问题。教材既是工具，也是可以丢掉的拐棍。学习不是课本的人云亦云，要时刻和真实的经验相结合，要养成独立的人格和学习的品位。

　　作为人文学科的教师，她希望通过自己的课程，发展学生对学科观点的多样性和丰富内涵的兴趣，培养个人对自我意识的认知；对自己的信念和世界观进行批判性反思，从而获得经过深入思考的、奔向明确方向和目标的生活。

不能忽视孩子的每一句话

为博雅学院设计课程的教师孙玉磊，在课程建设的全校大会上将博雅学院的课程特色总结为"基于每个人的课程研发"：学生进入课程之后教师要为每个人建立一套个人档案，学生的学习过程被数据化采集和分析处理；教师利用网络平台将课程建设为社区化模式，如同每个学生都可以随心所欲地刷人人网、刷朋友圈，每个学生也都可以随时随地进入课程讨论专区，通过这种无处不在、无微不至的泛化的学习将学习还原为生活本身。

张玉洁的教学风格和孙玉磊表面看起来有很多相似之处：两个人都是反应很快的人，都有一定的包容度和敏感度，有开放的心态，容易接受新鲜事物，学术背景同样深厚，内心深处怀有教育梦想，待人温和又个性鲜明，善于倾听也善于发问，既能和学生打成一片又能保持适当距离，在课堂上时而穿针引线时而置身事外。他们都是传统教育中的既得利益者，但又都致力于突破既有教育格局探索发现一条通向未来发展的新路径。

不同之处在于孙玉磊在课堂上的表现让人想到鲇鱼效应，搅动小鱼的生存环境，激活小鱼的求生能力。这个老师在课堂上几乎没有陈述句，只有疑问句和反问句，提的问题看起来东拉西扯漫不经心，实际环环相扣层层递进，每个问题都可能挑起一场头脑风暴。相比之下张玉洁的表现更为理性平和，思维缜密条理清晰以事实说话，几乎不夹杂太多的感性因素，某种程度上凸显了她经济学本科的学术背景。

如果说在教学改革这条路上孙玉磊走得彻底决绝，大踏步向远方迈进，那么张玉洁似乎是在寻找一种平衡。在博雅学院之外，她还同时在行知学院教政治必修，在元培衔接班讲《人际交往与日常呈现》。对她来说，翻转课堂和传统课堂并不是非此即彼的选择，她希望自己的学生有一天即使从翻转课堂回到传统课堂，也可以成为一名优秀的学生。

从北大毕业进入附中教书自然会有一种熟悉的亲切感，别人说北大附中是一所很像大学的中学，她觉得北大附中更像北大，兼容并包，自由民主。年轻教师在这样生机勃勃的学校里很容易收获成长，她说，"习惯了北大附中之后老有种被惯坏的感觉"，同时也享受和认同真正跟学生平等相待的朋友关系，也只有这样的交流才有可能相互学习相互滋养成就彼此。在她看来，教育是在灵魂的平等对话中完成，不是传统意义上教师掏心掏肺的全身心无条件付出，不是捆绑在一起不分彼此迷失自我。真正的平等不是来自高估学生，而是把自己放平。和他们站在同一立场上，才有可能相互了解。

和高冷学霸的外表不一样的是，这个年轻女孩儿善于观察和与人沟通，她的内心丰富、温暖、细腻，适合教师这个职业也热爱这个职业。从实习开始就养成了写教学日记的习惯，这和博雅学院提出的"基于每个人的课程研发"有相通之处，在教学日记中她记录了学生的成长足迹，个人的教学思考，以及从内心深处流淌出来的真实情感。

委屈的眼泪

班上最活泼可爱的女孩儿被几个男孩儿说撕了他人的作业本。口径很统一，大概是这样吧，刚进教室我也有些疑惑，她一直趴着哭，撕了不少东西，到了课中间情绪才稳定下来。我看她的时候她也正在偷看我，下了课她主动找我，说对不起，不是要扰乱课堂秩序，让我不要告诉班主任，她能解决这件事情，说着又抽了抽鼻子。我说没关系，只要你能做好，我不会把这件事情跟班主任说，让她回教室，她鞠了个超过九十度的躬走了。

青春真好，哭哭闹闹中成长。

不能忽视孩子的每一句话

初一的一个班上的男孩小超，喜欢在课上扮丑出洋相，或者说些粗鄙的字眼来逗同学发笑。这样的状况持续了很久，在全班做习题的时候，拿不出自己的习题册来，说丢了。然后继续在座位上扭来扭去，安静不下来。上周在上课的时候，他继续如此表现。我实在忍不住了，在全班同学被粗俗言语逗得哄堂大笑之际，气得让他站到门口去。

他不情不愿站了起来，不仅站到了门口，而且还走了出去把门带上。看来在其他课上也常常被老师喊起来罚站，以至于动作到了轻车熟路的程度。不久下课铃响了，学生们下课后，我刚刚走到门口，他自己推开门进来了，蔫蔫地说："老师，刚刚数学老师路过，已经把我说了一顿了。"

他的言外之意是，老师，已经有别的老师训过了，你就不要再训我了。听了他的话我有点哭笑不得，但交流的目的没有达到，于是问他："知道为什么让你站着吗？"

"知道，因为我逗全班发笑。"

"知道全班同学为什么笑你吗？"

"知道，因为我像个小丑。"

听到他说出这句话，我不敢相信这出自十二岁孩子之口。看着他严肃又落寞的眼神，我想他是知道自己在做什么、说什么的，但还是忍不住给他讲道理，告诉他要自尊自爱才能交到真正的朋友，在课堂上逗乐出风头并不会让别人喜欢。看着班上同学们都冲出去上体育课了，于是也让他赶紧去上课了。

虽然小超走了，我脑海里却全是他的那句话，还有说话时的表情，走向办公室的步伐不禁有点沉重。刚进门就碰到了孩子口中的数学老师，数学老师问我，小超在你课上做什么了？我回答说，他用粗俗的话来逗乐大家，还感到很得意。数学老师叹了口气，这孩子没人管啊。

心中疑团更甚，追问小超有什么情况。

数学老师说，小超的妈妈在他很小的时候就去世了，爸爸再婚，后妈又生了个女儿。父母的爱多给了小女儿，他学习成绩不好，父母对他不满意，却也并不管他。

听到这里，我忽然想起了一件事。有一次我上课布置做练习，孩子们都掏出练习册安安静静地做题，我站在最前面注视他们，小超坐在第一排，他忽然抬起头小声和我说："老师，你长得很像我小姨。"也许是被小超一贯的多话搞得有点不耐烦，为了让他快点回到做题状态，敷衍了句"老师是大众脸啊"。小超听了后收回仰视我的眼神，往前看着，怔怔点了点头，就低头继续写习题了。

一个没有妈妈的孩子，小姨想来是他很亲近的人，也带着妈妈的影子，他把我和这样的亲人联系在一起……

想到这里心里忽然很难受，感觉在办公室里都要待不下去了，冲到外面走廊里吹冷风。走廊里的窗户正对着操场，可以看到小超所在的班级正在塑胶跑道上跑圈。整齐跑步的队列里，很容易就找到了小超，他圆胖的身姿和略显艰难的跑步步伐，此时此刻显得格外孤单。

　　知道像小丑，仍然希望通过引起他人注意和嬉笑来获得关注，非常严重的缺爱表现，这反映出他在家庭中必然没有得到足够的关怀和爱。他试图引起我的注意，或者只是无心表述他内心最真实的想法，把心底不设防、无保留地展开给我看。想到这里，眼睛发酸。书上可以读到关于学生的一切理论，到了现实里，却觉得孩子让人好心疼。他犯的错，做的事，尤其是他说出口的话，都是有原因的，不能被忽视。

　　正吹风的当口，一位老师路过，看到我情绪低落，问我怎么了。我说起了小超。那位老师马上接口说："哦，他喜欢说话，但是个特别单纯的孩子。上次他看到我穿了裙子，说老师你今天真漂亮，一脸真诚。他很好，只是家庭缺失太多。"听完老师的话，我更郁闷了。

　　站在对着操场的窗口，我暗暗对自己下决心：不要忽视孩子的每一句话。因为他的每一句话，都是他内心的真实想法。无论他试图表达什么，暗示什么，掩藏什么，那都是他小小生命历程中的重要一部分。

诗歌、学霸、
生活大爆炸

8

提炼课程的独特思维方式，培养学生终生
受益的思维能力，强调不同思维方式对学
生人生观、价值观形成的影响，突出课程
自身的核心价值。

新学期的第一节课不是简单和程序化的师生见面，可能也不会用到教科书，如果在化学课上读到诗也不必大惊小怪，因为，毕竟这是在北大附中，是什么事情都可能发生的奇葩学校。

每一次上元培学院的化学荣誉课程，胡可隶都会在起始课上为学生介绍这样一首诗：

> 如果你希望理解玫瑰的芳香和橡树的坚韧，
>
> 如果你想知道阳光和空气中发生的种种奇迹，
>
> 如果你想了解人类大量实践经验和研究工作
>
> 所揭示的自然法则，
>
> 那就学习化学吧！

英国理论化学家库尔森的这首诗特别符合胡可隶对这门学科的理解："化学的志趣在于解释身边的物质世界中所能解释的一切现象。"

这位做化学和物理竞赛出身，从本科到博士一直在北京大学化学与分子工程学院度过，毕业后又进入北大附中工作的八〇后理科男很容易让人联想到《生活大爆炸》里的物理狂人谢尔顿。一样的聪明过人、博学多才，说话一针见血、直截了当，做事情追求完美，尤其给人印象深刻的是，他对自己学科的投入和热爱。

像很多学霸出身的人一样，胡可隶兴趣广泛。他对历史有着特别的偏好，喜欢引经据典说明他对问题的看法。作为一名资深的摄影发烧友，他酷爱胶片摄影，小小胶片上的银盐在光线作用下所发生的变化正是他最熟悉的化学反应。在他看来，"摄影是摄影师看待世界的方法，正如化学所做的那样"。

之所以要在每轮起始课上介绍化学学科的特点，是因为在胡可隶看来，这门极富魅力的学科同时也是一门"被成功埋没的学科"。公众对化学的普遍认知都停留在最浅表层次，大多数人认为化学是一门危险的学科，还有的说是"低端科学""研究变色和冒泡的学科"，是"理科中的文科""毫无逻辑可言，没有公式、没有定理，纯靠死记硬背"。这些因不了解而造成的误读让投身其中近二十年的胡可隶强烈地感受到自己肩负的责任，在一篇论文的开头他这样写道：

"近年来，有关化学的正面和负面报道频频见诸媒体。一方面，化学的最新进展时刻改变着我们的生活，材料技术的进步使得我们的日常用品日益向着微型化、智能化、多功能化的方向发展，而这些润物无声的正面效应往往被人们忽视；另一方面，不合理使用或者滥用化学试剂的恶果被过度报道，甚至在电视上出现了'我们恨化学'的广告语，食品安全问题更让国人对化学试剂充满恐惧。作为一名化学教师，我深深地意识到自己所担负的普及知识、澄清事实、提升国民化学素养的重任，而为了达到这些目标，仅仅完成常规化学教学是远远不够的，几年的教学实践使我观察到学生在化学意识和化学技能上的欠缺，促使我反思教学中存在的普遍问题，找到解决问题的策略，最终形成了一个意识：应当从顶层设计入手重新思考建设我们的化学课程。"

和传统学校里教师们热衷于向学生灌输知识点不同，胡可隶设计元培化学荣誉课程的思路融入了许多他做科研时的想法。对他来说，学习的终极目的不应该是钻研应付考试的技巧，而是在生命最美好的时光里体验物质世界的美妙，并从中学会一些看待物质世界的方法，用更简单纯粹的策略解决现实的问题。

他始终认为化学是一门富有美感的学科，化学之美在于创造之美、洞察之美、逻辑推理之美以及追求经验与理论之间的平衡之美。

在他看来，化学还是充满了趣味的学科，它和现实生活紧密相连，能给人带来创造和探索的成就感。看似杂乱无章的化学反应现象、千变万化的化学方程式其实都有并不复杂的化学原理在起作用，要靠敏锐的洞察力和深刻的思考力拨开迷雾重见天日，它不仅能满足学生观察到五彩缤纷现象的猎奇趣味，更能激发学生提出问题的热情，给予他们凭借自己的智慧设计方案、创造新物质或者解决各种现实难题的成就感，从而增强自信，强化自我认同。

从北大毕业进入附中教书给胡可隶带来一种适得其所、自得其乐的满足感，也使得他没有像谢尔顿那样的学霸沉浸在自我探究的小世界里。这个日新月异充满活力的学校和其中洋溢的浓厚的科研氛围，不仅给了他宽松自由的环境和充分发挥才能的平台，也打开了他的视野并拓展了他的学术研究领域。很多时候他会把自己的教学也当作一次科研和一场实验，通过研究和实验，他所指向的不仅仅是神奇的化学世界，还有学生们丰富的内心世界和他们未来漫长的人生道路。

学霸出身的胡可隶经常鼓励学生质疑课本，质疑权威，当然也包括质疑教师，要敢于做"怀疑的化学家"，提出自己的观点并进行有力论证。在学术探索和教学研究的道路上，他也从不满足，总是在不断思考、质疑，不断突破自我的过程中获得提升。

　　针对传统教育中教学研究与现实生活严重脱节的现象，胡可隶确定了以实验课程、实验探究为依托，以学科核心思想作为引领课程的理论主线和逻辑线索的学习方式。学生在以往的实验中获得的信息是"所有的化学实验都一定会成功的，而且通常会有非常相似的一个结局"，好像所有人都玩着同一个"机械打怪刷经验升级的游戏"，为此，胡可隶选择了他最擅长的合成实验。因为合成实验步骤多，现象和情况复杂，对操作基本功和核心观点的掌握要求高，实验的结果充满了不确定性。而一次失败的合成实验，可以临时生成为新的实验内容，经过实验者总结经验教训、改进操作流程，完全可以在下一次实验获得截然不同的结果。这样的学习过程超越了知识点的灌输，让学生从中真切地体会到："科研和人生道路，每个人都是不一样的，区别在于自己的选择和设计。"

　　作为学校课程委员会的成员，胡可隶对于学科价值的积极探索与学校课程建设的总体思路相当契合，正如课程委员会在给家长的手册上写的："对于每门课程，除知识与技能之外，强调提炼课程的独特思维方式，作为课程主线构建课程内容、评价及实施方案，将它外显，设计为课堂学习活动的主旋律，在学习过程中不断强化，潜移默化，培养学生终身受益的思维能力。强调不同思维方式对学生人生观、价值观形成的影响，突出课程自身的核心价值。"

　　胡可隶和他所在的元培学院在这方面做了很多大胆的尝试，元培荣誉课程包括了大学先修课程、元培核心课程以及专属选修课程，课程设置本身就贯彻了学科思想。核心课程强调学科整体性和深入学习，专属选修课程包含实验课程、方法论课程和学科竞赛课程。都是在北大附中原来的理科实验班课程的基础上，借鉴大学通识课程和 IB 课程自主研发的。研发过程特别强调了学科间的联系，知识理论的应用，以及对学生情感态度价值观的培养，特别强调北大附中培养目标在学科教学中的落实。

一位初中就读于另一所学校的学生这样评价："北大附中令我印象最深刻的特点就是因材施教。学校对很多科目都设立了难度大、思维深的元培荣誉课程。我所报的化学、数学荣誉课程中，化学老师通过大量的实验与生动深入的讲析，让我们从一开始单纯为实验而兴奋到学会去严密地探究、探索科学；数学老师对问题的延展和分析更教会了我们研究事物的根本方法。这类课程需要学生在课下有充分的自学基础，保证课上有充足的时间来探究问题本质、延伸难度，因此学习这类课程需要一个适应期，但是我明白了学好这些学科到底需要什么样的素质——我收获最多的是学业上的探究能力。"

我们培养的不是演员，
我们培养的是观众

这些孩子体现的是艺术最本质的东西，他们用真情、真心，用自己对艺术真正的理解，用身体书写自己的故事，这才是艺术的真谛……北大附中在我们现在的艺术教育普及当中真正做到了有教无类，使每个学生都享受了这种权利。

9

舞蹈节：搭建一个专业和业余对话的平台

颁奖典礼结束之后，在北大附中的大部分老师学生看来，第三届书院杯舞蹈节就算是圆满落幕了，然而活动的主要筹备者和组织者，也是三届舞蹈节的项目总负责人、学校舞蹈教师王冰却感到有些遗憾。

因为时间原因，颁奖典礼上他省略了原本想要为整个活动做个总结的环节。

虽然从内心深处并不愿意评奖，但是评奖会激发一种往前冲的动力，所以三届一直延续下来，然而评奖的结果肯定有人欢喜有人忧，担心有学生会带着情绪走，所以王冰很希望在总结的时候能把大家的焦点重新拉回举办舞蹈节的意义本身——通过舞蹈节，搭建一个专业和业余对话的平台。

在他心里那个奖项是完全可以忽略不计的，因为每一个书院的表现都同样出色，谈起他们，他如数家珍，看着他们一路成长，他感到欣慰和骄傲。

格物书院之前表现相对温和平淡，想要抓住观众内心，想给观众带来感动，本届做出很大改变，舞剧《AUTOMATIC》中戏剧的成分增多，尤其是他们的纪录片中显示小男孩和机器人相处过程的回忆倒带的瞬间给人印象深刻。

诚意书院选择《影中人》的抽象表达，是因为他们之前两届以爱情剧和亲情剧获奖，希望这一次走专业路线，说明光环之下剧组承受的压力很大，想要一届比一届做得更好。

正心书院的《断线的木偶》更贴近学生自身年龄阶段的心理波动，他们放弃了名著《围城》改编而坚持用自己的原创剧本，剧中表现的是挣脱束缚想要长大的愿望，也正是他们真实内心的表达。

明德书院作为过去的竞赛单元，历届舞蹈节和戏剧节走的是虚幻高冷风格，本届学生原创的《面纱》采用魔幻题材，本身也是他们书院追求与众不同的一种自我表达。

至善书院的《夜莺与玫瑰》延续了上一届《红玫瑰 白玫瑰》，风格一脉相承，看上去像是为主演吉静琳量身打造的。王冰还记得第一届舞蹈节上吉静琳手里拿着气球站到舞台中央，一松开手时说了一段话："白色像巧克力的味道，白色是没有颜色的，任何东西都可以染到它，但白色愿意做自己的纯洁。"这段话特别感动他，给人带来唯美的感受。

传统观念中舞蹈就是要呈现出吉静琳身上所代表的那种古典和唯美的感觉，但是通过一届又一届舞蹈节的演出，学生们越来越强烈地理解了：舞蹈真正打动你的不是美，而是真挚的情感。

这也是王冰特别想要在颁奖典礼总结时跟大家分享的内容。

没有了特长生之后的舞蹈节

王冰的办公室位于学校图书馆四层，从他的窗口可以看到学校中庭，每逢学校的开放日和校友日，这里会有学生乐队的小型演出。在舞蹈节筹备期间，经常可以看到有学生在排练。新民书院的排练场被安排在致蕙礼堂，女生在礼堂里练，几个扮演黑暗元素的男生就在门口的中庭排练，他们排练时那种专业的团队意识和专注力让他感动。

虽然演完第一场就得到了大家的一致认可，新民书院扮演黑暗元素的黄胤翔在遇到王冰时还是问他有什么需要调整的，王冰发自内心地感叹说，你们已经很好了，黄胤翔则很自信地回答说，老师，我们还会更好，一次比一次好。

从第一届只有五个人参加演出，效果并不理想，到第二届拿奖，自信心上来了，觉得整个学校接纳他们了，再到第三届想要证明自己是最棒的，王冰看到了这个出国书院的孩子们的迅速成长，他们已经形成了越来越强烈的凝聚力和归属感。

当然七个书院中最让王冰感动和震惊的，还是致知的《伊豆的舞女》。

三四月份的北京，天儿还挺凉的，王冰有一次路过黑匣子，看到致知的孩子们为了排练剧中表现情感起伏的一场戏，全体趴在地上一动不动，几十个人的排练场里，安静得只能听见呼吸声，没有一个人注意到王冰的到场。这种全神贯注的场面王冰以前只在专业演员的排练场里见到过，致知书院这些纯业余的学生能表现出这样的专业精神让他肃然起敬——"不是作为老师，而是同行的敬意"。

每次舞蹈节的剧组课，他都要到分布在学校各处的七个书院的排练场走一遍，从他的办公室穿过黑匣子剧场到高中楼的一层大厅是一条常走的捷径，但是因为那里是致知书院的排练场，他宁可绕道也不愿意打扰到他们。

作为活动的组织者和策划者，王冰要比其他师生了解更多幕后的内容，也正是这些让他拥有了属于自己的一份特殊享受。学生们演几场他就看几场，不是因为工作关系，而是因为他乐在其中，感觉"看一场就少一场——三个多月付出的努力只有这么一瞬间绽放出来"，他会油然而生一种"昙花一现"

的感慨。

展演周期间，王冰几乎每天都要发朋友圈，全都是关于舞蹈节演出的图片，并且全都不是手机拍摄，而是找学校专业摄影的老师拍最美的剧照发出去。朋友圈里的同行看了都惊叹于他们的水平："你们学校怎么可能没有特长生？！"这个时候王冰很骄傲地回答说："我们确实没有，但我们有专业精神。"

每场演出，他都会邀请其他中学的舞蹈教师来学校观看，每一次都会听到大家的赞叹，一位邻近学校带过全国数一数二舞蹈团的资深教师看过演出之后感慨道："你们办的这是真正的舞蹈教育。"

一个不再招收艺术特长生的学校，一场场呈现出专业水准、直抵人心的演出，一个个全身上下散发出专业光彩的业余演员，引发了舞蹈教师和观众们的思考：到底什么是艺术教育？为什么要在中学开展艺术教育？

专业舞蹈演员出身，在北大附中亲身经历了三届舞蹈节，见证了学生们在舞蹈节中收获的成长之后，王冰对此深有感触。

从第一届完全依靠"舞蹈团的孩子"撑起一个很炫的场子，到第三届特长生陆续退出舞台，王冰曾经对未来舞蹈节的走向感到迷茫和失落。但是第三届的成功，尤其是致知书院的惊艳表现让他受到很大启发。他突然意识到，经过三年的摸索实践，舞蹈节日臻成熟，不仅在模式上，而且方向和思路也都逐渐清晰明朗。只要每届都有优秀剧目推出，有优秀的剧组脱颖而出，学生们自然会找到舞蹈节的风向标。最重要的是，像致知书院那样，要让学生们"真听真看真感觉"，"真正触摸和感受"舞蹈的魅力，从中领悟到舞蹈的真谛。

和戏剧直接的表达不同，舞剧是抽象思维，需要有更深刻的理解和更有力量的形式感。当初办第一届舞蹈节的时候王冰他们心里都没底，唯一确定的就是要由学生自编自导自演的原创模式。获得那年一等奖的元培书院、现在的明德书院编创的舞剧《面具》给了他们意外的惊喜。

《面具》讲的是一个学生转学来到新学校，发现所有人都戴着面具每天重复着机械化的动作，这引起了学生的思考：究竟是要戴起面具融入这个集体，还是保留自己的个性，此时她遇到了两个学生跳起街舞，周围学生也跟着他们的节奏起舞，就在他们尽情舞动青春时，一个戴着面具的老师突然闯入，学生们随即重又戴起面具，两个街舞的孩子也被老师带走。

舞剧并没有给观众交代故事的结局而是留下一个悬念：主人公最终究竟会戴起面具人云亦云地生活，还是彻底释放内心做真实的自己？这其实正是学生们在当下的思考，也是他们现实生活的写照。

七个书院排的舞剧通过学生的创意，不同程度地体现出各自书院的独特文化。编创这个舞剧的元培书院前身是竞赛单元，它的培养模式就是彰显个性。《面具》所带来的惊喜正在于题材本身所表达的茫然和内心的纠结，以舞蹈的形式作为载体恰如其分，如同中国画的留白带给人更多思考和想象的空间，内容和形式完美地融为一体。

舞蹈让学生思考和感悟未来将要经历或当下正在发生的。因为是"我手写我口"，所以才会从内心深处迸发出创作的激情。舞蹈节既是艺术的审美的教育，同时也为孩子们提供一个演绎自己青春、抒发内心感受的情感宣泄的舞台。

从第一届的主题"身体建筑师"到第二届的"身体记忆"，再到第三届的"身体叙事"，王冰在每一届舞蹈节的开幕式上都会向全校学生强调一点："很多人认为舞蹈是一门小众的、专业性很强的艺术，大家都没法想象让没有跳过舞的人跳舞编舞。而我们的舞蹈节给了从没接触过舞蹈的人跳舞的机会，让不会跳舞的人学会了用肢体说话。"

在第三届的开幕式上他说："多年之后当你们回过头来看到自己把最不

擅长的舞蹈呈现在那么多观众面前，你们一定会为当时的勇气和当时的青春点赞，从而收获更大的勇气。"

实际上，这名专业舞蹈演员出身的舞蹈教师，也正是通过舞蹈节和附中的艺术教育实践，收获了对于自己多年从事的这个事业的一份感悟。

之前他也特别抵触学校不招特长生的决定，认为舞蹈的美只有通过专业训练才能呈现出最好的效果，才能打动人心。但是，经历了舞蹈节之后学生们爆发出来的那种美感激发他重新思考："长期以来我们的舞蹈教育太偏重技术，舞蹈在某种程度上被贵族化了。中国的舞者在世界上能力是最好的，但是也存在炫技的倾向，国外的舞蹈家更重视情感的表达，比如现代舞就适合每个人跳。

"真正的舞蹈教育就应该这样，让普通人去跳。人刚出生手之舞之足之蹈之，你不会说话只能用舞蹈去表达。

"舞蹈最重要的不是跳舞，跳的是内心，用内心表达人的情感。所有艺术都是这样，外在的形式只是一个载体，打动你的永远是艺术的本真。"

像大多数专业教师一样，起初王冰也认为教业余学生根本就是对牛弹琴，因为没有共同语言，也就没有对话的基础。但也正是因为经历了三届舞蹈节，眼看着零基础的学生在和舞蹈学院的研究生们磨合碰撞的过程中迅速成长，让他彻底改变了过去的观念。

很多场合他向别人介绍舞蹈节时都会这样充满自豪地表达："一批是北京最会跳舞的老师，一批是完全业余的学生，舞蹈节是一个很好的将专业与业余相结合的项目。"

一方面，专业的老师教业余，需要学习包容，要让双方都能接受彼此，要交流碰撞，要经历一个人与人沟通的过程，从这个意义上说它超越了普通课程的概念，业余学生和专业老师在打翻重来不断的沟通磨合中达成一致；

另一方面，业余学生学的并不是专业技能，而是一种专业的态度，以专业精神和态度对待专业的舞蹈，这是办舞蹈节的价值。

归根结底回到教育的本分："没有教不好的学生，只有不会教的老师，能教好业余的才叫好老师。"

对这一点，参加过第二届舞蹈节的北京舞蹈学院研究生董超感同身受，他在活动的总结中这样写道：

> 作为高中课程的组成部分，这门具有"参与体验型"特征的课程，把文娱活动和课程结合起来推动各书院在建制上的均衡发展，促进舞蹈教育在中学艺术教育中所发挥的不可替代的作用。"书院舞蹈节展演"作为该课程最后的实现模式与呈现方式，为各书院的努力过程引入竞争机制，一方面提高了学生参与的积极性，另一方面，每个参与者都获得了集体荣誉感的满足。处在集体环境中不可能脱离人际关系，积极参与集体活动能够体现出一个集体的活跃度，对学生的身心发展益处良多。
>
> 我国著名的舞蹈教育家吕艺生教授提出的培养舞蹈人才"多元智能发展理论"，强调全面培养人才需要六个方面的能力："观察力、记忆力、模仿力、思维力、想象力、创造力"，六种能力值的高低所形成的个体模式的提高有赖于日常积累培养。"书院舞蹈节"的存在为圆满每个人的模式提供了一种可能性。对于初次接触舞蹈的学生来说，学生们所表现出来的勇气最值得肯定。尽管他们会收起害羞的眼神，还很难直面跳舞的自己，但是他们有自信去打开自己不是那么伸展的身体，扬起胳膊，抬起腿。对于热衷于舞蹈的同学来说，在舞台上挥洒青春、张扬个性成为关于他们身体记忆的最好表达和阐

释，这是书本里没有也找不到的他们身体舞蹈的自由灵魂。对于更多的同学来说，"参与体验型"的课程所提供的实践平台为他们认识自己身体的各种可能性提供了一个最合适、最便捷的途径。

通过近一个月的观察思考，我认为"人尽其才，才尽其用"的实践指标最大限度启发了作为主体的学生的思维向度。他们身处校园，接触生活，走上舞台。很明显，他们的思维触角已经从书本走向自己的生活，他们开始体察自己，观照自己。我想，这就是教育的意义吧。

2014年6月15日，北大附中舞蹈节的获奖剧组到全国舞蹈教育的最高学府——北京舞蹈学院的专业剧场演出，舞蹈学院一位副院长在看了演出之后这样评价："北大附中在我们现在的艺术教育普及当中真正做到了有教无类，使每个学生都享受了这种权利。今天我们舞蹈学院三个剧场都在演出，但我觉得最精彩的是这里。因为这些孩子体现的是艺术最本质的东西，他们用真情、真心，用自己对艺术真正的理解、用身体书写自己的故事，我觉得这才是艺术的真谛。"

艺术课与艺术时空

2008年王冰从北京师范大学艺术学院硕士毕业进入北大附中工作，一年之后王铮校长从深圳中学回到北大附中。走班，选课，书院，学院，一个个新鲜名词随之而来，学校原有格局被打破，艺术教育也被推到改革前沿。

让王冰感到振奋的是，校长鼓励他开课。

当初虽然是作为舞蹈教师进入北大附中的，但很长一段时间里他都处于无课可教的状态。像大多数普通高中一样，当时附中的艺术课程仍然以音乐和美术为主，并没有舞蹈课。王冰被安排到了学生处，每天早上查早读、晚上查晚自习，陷入事务性的工作中，唯一和专业沾边儿的事儿就是课余时间带带舞蹈团，训练特长生。

就在他为自己的职业前途感到迷茫的时候，校长了解到他的专业是舞蹈，对他说，你能开什么课就开什么课吧。

王冰的积极性一下子就上来了，感觉英雄有了用武之地。因为是专业跳舞出身，他就选择教芭蕾形体课，想着通过苦练基本功帮学生塑造形体，掌握舞蹈技能，想给学生最好最专业的，王冰备起课来格外认真有动力。但是让他完全没想到的是，一周试讲之后，选这门课的学生非常有限，课开不起来，这让他很受打击。

在这个全面实行走班和选课的学校，教师必须以学生为主体设计课程，从学生现实需求出发考虑问题，在学生兴趣和课程培养目标之间寻找平衡点。

通过调查他发现，大部分没有选这门课的学生是因为觉得课程设计比较枯燥，动作难度大，没什么成就感。找到了症结所在，王冰就慢慢去摸索，眼前并没有什么可以遵循的先例，很多学校都没有舞蹈课，到外面开会的时候他甚至找不到舞蹈教研这样的组织，只能自己私下里总结找定位。

随着对学校改革和学生现实处境了解的深入，王冰开始找到了门道：既然我们不是专业院校，培养的也不是专业人才，那么艺术课对学生来说应当首先是一种释放，艺术课提供的课程环境和内容都要与其他课程不一样，要带给学生耳目一新的感受，给他一个可以释放压力的场所，一个情感宣泄的出口。

在与学生的沟通互动中，王冰逐渐摸索出舞蹈课的定位和设计方案，重在体验和感受舞蹈氛围是他首先设定的课程目标，用全方位感受舞蹈魅力来替代单调的肢体训练。

上他的舞蹈课，既可以欣赏美妙的舞姿，也可以听到好听的配乐。哪怕动作做不好，情绪到了也会跟着音乐翩翩起舞。

以激发兴趣为导向，以富有动感的现代舞为载体，在游戏过程中舒展身体，以协调性训练代替形体塑造，循序渐进，让学生有机会参与到小型编舞中来。

课程逐渐上了正轨，越来越受到学生们的欢迎，选舞蹈课的学生越来越多了，甚至有的其他学科的教师也会自发地参与进来。

但是，正当王冰在舞蹈课的课程建设上有了一点儿信心，见着一点儿起色的时候，他又受到了一个沉重打击，学校不再招收特长生的决定让这个一毕业就带舞蹈团的教师失去了方向。

长久以来，在中学普遍存在着特长生群体，他们有加分入校，有限的优质教育资源向他们倾斜，学校依靠他们擦亮金字招牌，在不同等级的艺术教育评选中，学校艺术团体在比赛中拿到多少奖项是重要指标，当然，这些艺术团体的主要成员，都是专门渠道上来被集中养起来的特长生。

取消特长生以后的舞蹈团应该怎么带，成为当时摆在舞蹈教师王冰面前一个最大的挑战。依然是没有先例可以遵循，依然是要靠自己去思考和探索。

实际上，也正是因为长期带特长生，让他比任何人都更了解特长生现象的问题所在。艺术教育在很多学校里并没有得到普及，反而成为少部分人的特权。从自己的舞蹈课上王冰也可以明显地感觉到，在大多数学生眼里，艺术变得越来越遥不可及。门槛高，没机会接触，无形中让最广大的学生群体丧失了接受艺术教育的权利。

即便是凭借特长生获得的比赛成绩让学校在艺术教育的指标上排名靠前，但那只是一个特殊存在的小群体，并不代表学校整体学生真实的艺术素养和艺术水平。与其说是在做教育，还不如说是开发了一个艺术项目。

想到了长期以来存在的这些弊端，同时也真切地意识到，中学艺术教育的大方向和总体趋势必然是面向公众的普及教育，也就自然地解决了关于特长生的思想问题，在那以后王冰的课程目标逐渐清晰，课程设置也开始走向系统化的发展。

虽然取消了特长生，但是学校希望每个学生都能享受特长生的待遇，把原本只属于特长生的那部分教育资源推广到全校，王铮校长说，要做就要做得专业。

学校通过资源整合，开门办学，优化配置，针对艺术教育聘请了专业的师资队伍，开设多门类艺术课程，开辟专业剧场，开展小班化教学。

其中最有特色的是学校的仓库改建成的黑匣子剧场，为戏剧节、舞蹈节、灯光课等多种艺术课程和展示活动提供了专业化服务，同时，小剧场艺术空间的打造也使得学生能够在课堂上身临其境地体验专业的艺术氛围。

在学校的大环境激发之下，王冰对自己的舞蹈课程也进行了统筹规划，针对学校最大范围学生的不同特色，相继开设了舞蹈体验课、舞蹈社团课和舞蹈节剧组课。

经过多年实践，今天北大附中的舞蹈课已经发展得相当成熟并且独具特色。王冰将高中舞蹈体验课分为四个模块：华尔兹、探戈、牛仔舞和流行舞。体验课以舞蹈技能训练为载体，通过实践课、鉴赏课、编创课、舞场礼仪等多种课型对学生的认知、技能、情感以及应用领域进行舞蹈综合素质的培养。在选课指导中他还特意标注上这样一句话："有无基础均可选修，建议爱好舞蹈的学生选修。"

当然，对于舞蹈团他也有了进一步的规划。首先改变的是社团培训的形式，将舞蹈团纳入课程，针对不同程度的学生进行分层次教学，参加训练能拿学分，相比于之前业余时间培训，社团得到了制度保障。同时社团课强调团队意识和稳定性，以舞蹈专场的任务而不是比赛作为驱动，营造一种独特的文化空间和归属感。

同样纳入课程的还有舞蹈节和戏剧节，采用了大体一样的模式，以舞蹈节为例，是全方位、多角度的系统工程：

第一阶段是学生通过选课形式成立剧组，练习舞蹈协调性，学习如何编舞，构思脚本，如何实施，到剧场彩排，如何宣传，都在课程内完成。第二阶段是舞蹈节的展演季，通过舞蹈节引领舞蹈氛围，过程中可以看到来自专业院团表演的舞剧，由鉴赏课、交流会、演后谈等多个环节组成。第三阶段是学生自己的展演周，由学生观众票选出来的大众奖和舞蹈学院教师评出的专业奖各占一半，奖金同时也作为下一届舞蹈节的启动资金。

作为活动类课程，舞蹈节和戏剧节不仅是舞蹈和戏剧单一领域的普及推广，课程中学生需要自己设计海报、灯光，拍纪录片，建立团队，彰显书院文化，是一种全方位的锻炼和培养。同时，他们不仅在校内公演，获奖剧组还到舞蹈学院演出，向专业院校展示业余演员的风采。如果愿意，每个书院还可以在校内自行安排时间进行加演。

颁奖典礼之后课程并没有结束，每个剧组的指导教师还会针对演出中的得失进行分析总结，逐一点评七个书院的优点和不足，以备未来改进。有的书院会在校园内进行环境编舞，以快闪等舞蹈游戏的方式向全校推广，任何人都可以跳舞的观念和氛围已经形成。

从刚来的时候没有舞蹈课到现在舞蹈的地位越来越高，从一个可有可无的小学科发展到深受广大师生关注和喜爱的学科，几年的时间王冰见证了舞蹈乃至艺术教育在北大附中的蓬勃发展，回顾过去展望未来让他时常感慨："来到北大附中，舞蹈让我有了一个不一样的人生，这里给了我全新的视角看舞蹈，看艺术。"

艺术活动将是所有的人都能参与的

现在王冰老师不再单单是舞蹈教师了，这位当年学生处查考勤的老师，今天已经成为北大附中艺术中心的主任，负责学校总体的艺术教育规划和面向全体学生的艺术普及与推广。

每当有专业艺术院校的年轻老师入职，他都会像当年校长鼓励他一样，对这些刚毕业踌躇满志的年轻人说："你们能开什么课就开什么课吧。"

这样一来，短短几年时间，艺术中心就开出了四十多门深受学生欢迎的课程。

在取消特长生又要走专业化道路的总体思路指导下，学校陆续通过不同活动和课程与中央戏剧学院、北京舞蹈学院、北京电影学院、北京现代音乐学院、北京管乐交响乐团、中央电视台等著名艺术院校和艺术机构建立了长期深度的合作关系。

这样的合作不仅拓宽了附中学生的艺术视野，提高了学校艺术教育的整体水平，同时也为艺术院校向普通高中输送专业人才提供了一个十分难得的渠道和平台。中央戏剧学院、北京电影学院、北京师范大学艺术学院等学校毕业的研究生相继来到附中工作，为艺术教育的持续发展注入活力。

正是在这些专业人才的共同努力下，学校的艺术教育深入实践，不断创新，逐步探索出一套适合基础教育艺术普及的系统化、类型化、模块化和专业化课程。

目前北大附中艺术中心推出的课程涉及了美术与设计、音乐、舞蹈、戏剧、影视等不同领域。根据不同的培养目标又分为兴趣课和社团课，兴趣课按层次分为九周十八课时的学段课和十八周三十六课时的学期课。社团课为期一年半，课程的核心词包括：深入、持续、专业、团队。

不论是兴趣课还是社团课，都要面向全校师生做汇报展示。强调综合实践，交叉学习，交叉展示，共同完成一个项目、一场演出。

和王冰当年的舞蹈课一样，艺术中心的课程都是自主开发的校本课程。王冰从多年的教育实践经验出发，将课程总结为三个关键词：体验、实践和成果展示。要让学生在体验中发展好奇心和求知欲；在实践中发展自主的学习能力，养成良好的思维习惯，获取丰富的知识和技能；在成果展示中获得自信和满足。与学科课程不同的是，艺术活动类课程对于知识，除了需要"知道"以外，更重要的是去"做"，通过"做"获得经验、感受和成长。

这其实并不是他们的别出心裁或者标新立异，事实上，教育部早在 2003 年制定并沿用至今的《普通高中艺术课程标准》中就明确提出：

"高中艺术课程是融音乐、美术、戏剧、舞蹈、影视等艺术门类为一体的综合性课程。它既注意强调不同艺术门类之间的链接与综合，又注意保留各学科艺术要素的特点，使学生获得艺术的通感与多样性的艺术能力。坚持高中艺术课程的综合性，有助于全面培养学生的视觉能力、听觉能力、动作协调能力、语言表达能力、认识自我和适应环境的能力，使学生的感知与思维得到整体与协调的发展。"

《标准》还特别强调"综合性"不是"音乐、美术、戏剧、舞蹈的机械叠加"，而是"各种艺术门类之间、各种教育因素（包括学生、教师、情境、教学内容和教学方式等）之间的相互依存、相互沟通、相互融合，由此营造一个生态式的教育环境"。

2015 年的新学期，国务院印发了《关于全面加强和改进美育工作的意见》，将美育的重要性提到一个新的高度，同时对加强学校美育工作提出了明确要求。《意见》要求学校开设丰富优质的美育课程，实施美育实践活动的课程化管理，特别是要科学定位美育课程目标，丰富学生的审美体验，开阔学生的人文视野，深化学校美育教学改革。

在王冰心里，始终牢牢记得当年王铮校长说过的一句话：我们培养的不是演员，我们培养的是观众。多年来，北大附中艺术中心的教师们通过不断实践探索，打造了一个全方位立体化的艺术时空，在这里真实有效的艺术教育得以开展。几乎所有学生都要上台展示，所有艺术课都要在剧场演出。如果说艺术课没有压力很容易浮于表面，那么演出和自我展示是实实在在的，必须充分准备认真对待。课程的最大特色在于评价标准不是考试的认定，而是公众，是小伙伴儿们，是老师和家长的认可。

一位参加过戏剧社课程的学生表示："第一次演出感到特别紧张，但是舞台的灯光一亮，我的心里一下子就清澈了。"而另一位通过戏剧节走向专业道路发展的学生表示，真正让他下决心报考专业院校的那个瞬间，是在戏剧节谢幕时受到的感动。

学校的艺术中心正是希望在类似这样的不断实践体验中，学生自己完成编创任务，教师激发学生兴趣并给予适当指导，一切源于学生的灵感、学生的构思。在准备演出和展示的过程中，学生自己设计，自己创作，建立自己的团队，最终形成自己的作品。

这种情形很像俄国19世纪作家托尔斯泰在他的《艺术论》中所畅想过的"未来的艺术"，他说："未来的艺术将是所有的人都能创造的，每一个人只要当他感觉到这种活动有要求，就可从事这一活动。"

"未来的艺术"，归根结底指向艺术的实质和艺术的普及：

"艺术活动将是所有的人都能参与的。这种活动之所以成为全体人民都能参与的，是因为：第一，在未来的艺术中不但不要求有繁复的技术（这种技术需要费很多精力和时间去获得，而且使现代的艺术作品变得丑陋不堪），而且相反地要求清楚、简洁、洗练——这些条件并不是通过机械的练习所能获得的，而是要通过趣味的培养获得；第二，那时不再会有现在的只有某些人才能入学的专业学校，而在各地的小学里每一个人除了识字以外都将受到音乐和绘画的训练（唱歌和图画），这样，每一个人在受到绘画和音乐的基本训练之后，如果觉得自己在某一种艺术上有才能、有灵悟的话，就可以在这一方面深造，以臻完善之境；第三，现在花在虚假的艺术上的一切力量都将转用于在全体人民中普及真正的艺术。"

在这个学校里，我能去尝试一些没有她的庇护不敢做的事儿，她能替我背黑锅。在一般学校里不敢这样做，年轻人需要做一些看似不着调很出格的事儿，在这个过程中看到一个没有意识到的全新的自己。

10

舞蹈节：
书写一个女生的高中传奇

从舞蹈团到舞蹈节

在北大附中，高三女生吉静琳已经有了自己的粉丝群，简称"吉粉儿"。

2015 年的第三届书院杯舞蹈节上，和其他六个书院不同的是，至善书院推出的舞剧《夜莺与玫瑰》为女主角设置了两个演员，吉静琳和另外一个高一女生作为 A、B 角在不同场次参演，"吉粉儿"们会专门挑选她演出的场次观看，并且每场必到。

这个女孩儿的气质与众不同，属于那种掉在人堆儿里即使一言不发、一动不动也会放出耀眼光芒的类型，她身上有一种这个年代同龄人中特别少见的耐人寻味的古典美。从外表看她长得很像演员李小璐，一样的柔弱无骨，娇俏可人，静若处子，我见犹怜，可是她的眼睛里又时不时地流露出一种优雅、坚定、超然、散淡的神情。超乎年龄的成熟感，让这个长相乖巧的小女生显得气场特别强大，每次一出场，都会将全场观众的注意力吸引到她的身上。

三岁半开始练习舞蹈，主修芭蕾和古典舞的吉静琳从初中开始就加入了舞蹈团，像每个爱美的小姑娘一样，她很幸运地拥有了一个展示自己青春和才华的舞台，但那个时候她并不知道这一切对她意味着什么。直到初三之前的那个暑假她们去西班牙演出，想到即将参加中考要暂时告别舞台了，那次演出结束后，她和一个同学在后台抱头痛哭。

那一刻，她突然发现自己深深爱上了舞蹈，舍不得离开舞台，而舞蹈团就是她"特别喜欢待着的地方"。正因为如此，从北大附中初中部以优异成绩顺利考上本校高中以后，吉静琳在学校为数众多的艺术类社团中，还是选择了参加舞蹈团。

在她高一那年，学校举办了首届书院杯舞蹈节，作为舞蹈团的成员，她顺理成章地报名参加了舞蹈节剧组，但是她并没有想到，这将成为她十几年的舞蹈生涯中，一次有着转折意味的经历。

和大多数人所熟知的那种举办艺术节主要依靠特长生、重在艺术展示的形式感、突出一种欢乐热闹的气氛不同，北大附中的书院杯舞蹈节是向内走的，是为了增强书院内部学生之间的凝聚力，增强学生对于自己生活的社区——书院的归属感，同时也对广大同学进行艺术普及而举办的活动。在这个取消了艺术特长生的学校，每一个艺术节都是开放的，面向最广大的学生群体，由学生自己做主，同时也提供各种平台，让更多零基础的学生有机会进入到艺术实践中，改变大家对于艺术只是高高在上的、少数特长生才能从事的这样一种普遍存在的错误观念，更重要的是，要让更多的学生勇敢地走上舞台，充满自信地展示自己。

可以想见这样的活动实际操作起来会有多大的难度——很少有人这样做过——要让学生真正从认识上改变之前的经验，从"他们的事儿"变成"自己的事儿"，从"少数人"变成"多数人"，从"我不行"变成"我可以"。在这个过程中不仅要实现他们艺术修养上的提高，更要让他们通过完成一个作品，大胆地接受挑战，突破自我，实现超越，从而真正实现艺术教育、艺术普及的最大价值。

在这个实行选课制的学校里，所有的活动都被纳入课程。舞蹈节的筹备也被设为专时专用的学段课，报名参加舞蹈节剧组的学生也就同时加入了舞蹈节的剧组课程，他们有三个月的时间，在课堂上，在专业的剧场里进行排练。学校与北京舞蹈学院开展长期合作，来自舞蹈学院编导系、民间舞系、现代舞系等不同专业的研究生们会作为剧组课程的指导教师深入各个书院，针对书院特色和学生的实际情况，从确定主题、剧本创作开始，从舞台调度、动作编排、灯光、舞美、音效等不同方面对学生进行系统的艺术指导和专业培训。

毫无疑问，专业力量的介入成为活动顺利进行的保障，然而在整个活动的过程中，学生才是主体，从编剧、导演到制作人、项目负责人，从舞美、灯光、音效到舞台监督和纪录片制作，每一个环节都由学生承担，需要整个剧组分工明确，大家各司其职，需要团结协作，共同进退。

这三个月对所有人都是一种磨炼，对书院的集体荣誉感成为最有效的推动力。一些学生最初其实只是抱着试试看、玩一玩儿的想法报了这门课，带着好奇、观望的态度进入剧组，随时都准备撤退，但是课程一旦开始之后情况却变得完全不同了，尽管他们遇到了各种难以想象的困难，他们依然咬牙坚持走下来，一直到走上舞台面对观众。背后支撑他们的动力，就是想要用自己的力量为"我们的书院"做点儿什么的那个愿望。

同样也是抱着"我整天训练把自己练得美美的，也希望能给别人带来点儿什么"这样单纯的想法，吉静琳报名参加舞蹈节并且当上了她所在的至善书院的舞蹈节项目负责人。在高三学姐的带领下，她不仅参加了演出，还完整经历了舞蹈节课程和赛事的全过程。

这是她第一次真正有机会发挥特长，为自己的书院贡献力量，也是她第一次和舞蹈团以外的同学，尤其是那些从没有练过一天舞蹈的同学合作一部舞剧。演出的效果出乎意料，最终他们获得了大家的高度认可和一致好评。

这一次的经历给她带来了极大触动，让她对自己一直深爱的舞蹈产生了更深一层的思考。

在舞蹈团，她是公认的白天鹅，练功很苦，技术娴熟，一举手一投足自然带出一种高傲和优雅的美感。之前她曾经很享受这种受人追捧的状态，可是参加了舞蹈节之后她对天鹅的评价却变成"很美，很无聊"，因为它只是"表面高傲，脑子里没东西"。

她开始重新审视自己在舞蹈团苦练技术形成的审美观念，过去她喜欢当高高在上众人瞩目的女神，现在她发现那种高高在上反而凸显了内涵的空空洞洞。过去她喜欢在舞蹈团待着，因为那是一个大家庭，所有人像姐妹一样亲密，但是现在她不再满足于简单的无忧无虑的开心的日子，那些被安排好的训练日程和演出表，那些编创好的别人的作品。

十五岁的她，在参加了舞蹈节之后，开始萌生了越来越强烈的自主意识：她不再满足于如何将自己的形体练得更美，如何在技术上更胜一筹，如何在比赛中赢得冠军，如何拥有热烈的掌声和崇拜的眼神，对于心中深爱的舞蹈，她想要的更多。

通过舞蹈，实现了整个人内心的突破

吉静琳高二那年报名参加学校的第二届舞蹈节，首先遇到的就是角色上的挑战。

因为不满足于之前在舞蹈团排练的都是老师编创好的作品，想要排练"我们自己的作品"，表达"我们的想法"。剧组刚一建成，吉静琳就提出了"红玫瑰、白玫瑰"的主题，经过大家反复讨论，最终将故事核心从原作中的男人视角看女人，改为女人为了爱而放弃自我，从情爱的主线改为突出内心的蜕变，整个故事表现的是一个女人从白玫瑰蜕变为红玫瑰的痛苦挣扎的心路历程。

对主演来说，这就意味着在一部剧中同时承担两个性格截然相反的角色。

没谈过恋爱，平日里被妈妈称为乖乖女、宅女的吉静琳，让人一眼看上去的气质就是白玫瑰的类型，平时跳舞也是白玫瑰的风格，对她来说，白玫瑰的段落处理起来驾轻就熟，本色出演，突出自身性格中纯洁、乖巧的一面就能达到很好的舞台效果，但是红玫瑰的角色却是她不熟悉不了解甚至是不喜欢的，需要表现出和生活中的自己完全不同的另一面，需要热烈、奔放的表达，需要体会角色对于情感的付出和渴望。

之前吉静琳对红玫瑰那样的女生从内心深处是排斥的，觉得她们都是不纯洁的坏女孩儿，从来不会走近或是想象她们的世界，但是出于表演的需要她开始慢慢学着去理解，逐渐明白她们不是不纯洁，本质上也不一定是坏女孩儿，只是对情感过于执着和投入，只是每个人的成长环境，性格气质，选择的人生道路不同而已。

在为期三个月的舞蹈节剧组课上，她强烈体会到内心的变化，排练过程中她认真揣摩角色的同时，也"在内心某个很隐秘的地方发现了原来体会不到的另一个自己"。她甚至大胆想象，也许每个女孩儿心中都有一个白玫瑰，也有一个红玫瑰。

这让她在舞台上找到了自信。四场演出，她每一场的表演都不一样，每一场都在找红玫瑰的感觉，刻意挖掘自己不一样的内在，在寻找的过程中突破自我。

最后一幕，她一袭红裙出场，惊艳亮相，舞台极简，她的动作也极简，然而一举手一投足之间传递给观众的感受却是极丰富的。她的表演甚至超出了剧情给予的从白玫瑰到红玫瑰一个女人的蜕变，而是在舞台上营造了一个破茧成蝶、羽化登仙的意境。

《红玫瑰 白玫瑰》的演出大获成功，七个书院中人数最少的至善书院在舞蹈节上脱颖而出，拔得头筹，同时赢得了学生观众票选的大众奖和舞蹈学院专业评委评的专业奖两个奖项的第一，而吉静琳本人也摘得最佳演员的桂冠。这让她在收获更多自信的同时，也想在舞蹈节上走得更远。

高三第一学段，她选了北大附中博雅学院王嘉星老师的《夜莺与玫瑰》英文原版阅读课程，博雅课程的学习方式是课前独立阅读和网络平台的社区分享相结合，课上同学们讨论和教师引领相结合，这让她可以从不同层次和不同维度对王尔德的文本进行分析解读，从中获得更丰富的感受。

和小时候读过的那些公主和王子从此过上幸福生活的甜美童话不同，这是一个充满想象、内涵深沉、情感丰沛、富有哲理、极具悲剧色彩的散文诗一样的童话故事，讨论课的头脑风暴触发了她的灵感，她很快就意识到，这种风格的故事很适合搬上舞台。课程还没结束，她就已经在心里笃定要把这部作品带入舞蹈节了。

因为有了两届舞蹈节的经验，她清楚地知道自己想要从原作中提取什么以及舞蹈节的舞台真正适合和需要什么。和第二届舞蹈节上《红玫瑰 白玫瑰》剧本来自大家的集思广益不同，这一次她决定自己动手。

她的改编十分大胆，原作的情节线索是夜莺为了帮助青年学生获得爱情默默牺牲自己的生命，换取一枝娇艳欲滴的红玫瑰，然而青年被爱人拒绝后将夜莺用生命换回的玫瑰花随意扔在街心，车轮碾过红玫瑰，象征夜莺这份珍贵的情谊遭到无情践踏，而青年学生也从此不再相信爱情。在她看来，原作的基调是灰色和绝望的，它的着力点在讽刺，但是舞剧不适合表现讽刺，她也不喜欢绝望和否定的调子，因此她将结尾改为青年学生最终醒悟，懂得了夜莺的良苦用心但为时已晚。

舞剧最后一幕从小说中青年学生不再相信爱情，将爱情视为"空中楼阁和虚无缥缈的幻想"，改为青年学生和夜莺心心相通却阴阳相隔，改得更直观、更彻底，同时也更适合这个年龄段学生的审美取向，向死而生，在绝望中又给人带来希望和力量。

一个学段将近三个月的博雅阅读课程，之后又一个学段将近三个月的舞蹈节剧组课程，让她可以得心应手地从王尔德的《夜莺与玫瑰》中提炼出自己的故事。她经常说："跳舞有的时候不一定需要优美。其实我不喜欢优美，我喜欢悲剧美。"从第二届舞蹈节的《红玫瑰 白玫瑰》到第三届的《夜莺与玫瑰》，一以贯之的风格都是透过一个悲剧故事体现主体意识的觉醒和自我表达的愿望。

观众可以明显地感觉到两个夜莺的不同之处：如果说高一女生扮演的那个夜莺更像一个骄傲的公主，高高在上，超凡脱俗，那么吉静琳的夜莺更像精灵，更贴近现实，更接近观众，带着一点儿小女孩儿的幼稚和娇俏。

每一场演出之前，她都会提前一两个小时来到剧场后台，化好妆穿上演出服，一个人静静地在角落里练功候场；演出中，细心的吉粉儿注意到一个细节，高潮处有一场戏需要她从后台一侧穿过隔壁阶梯教室进入后台另一侧，但是当她重新回到舞台上时观众根本察觉不到她曾经离开过剧场，对舞蹈、故事和角色本身的全神贯注和全情投入赋予她的表演强烈的感染力和震撼力。

虽然最终《夜莺与玫瑰》并没有延续《红玫瑰 白玫瑰》的荣耀，至善的舞剧并没有取得多么骄人的成绩，但是即将毕业的吉静琳却一点儿也不觉得遗憾。在她看来，在舞蹈节上收获到的东西远远比拿个奖来得更为持久和重要，她说："三届舞蹈节，作为主演，在舞台上感觉整个人更自信了，不仅是跳舞本身，自信体现在我敢于放弃自己的风格，敢于融入角色，那个角色应该是这样，和现实中的我不一样，我就会放弃现实中的我。

"开始能够欣赏不一样的美了，以前我觉得女孩儿应该是这个样子，那别的女孩儿就不是我想要的样子，现在觉得每个角色都有可爱的地方，哪怕不完美——我以前只想做白玫瑰，不想尝试别的，所以我演所有角色的时候都有白玫瑰的影子，现在我可以欣赏红玫瑰的美，可以专心去做红玫瑰。"

虽然在舞台上演绎了红玫瑰和白玫瑰，也在童话中捧起了象征爱情的滴血的红玫瑰，但是吉静琳并不喜欢用花儿来比喻女孩儿。她喜欢的意象是春天的柳絮，带点儿凄美和伤感的柳絮也许更符合妙龄少女的审美特质，然而她又批评柳絮总是随风摇摆，风让她去哪儿她就去哪儿，没有自己的主见，不能掌握自己的命运。

这个精灵般可爱的夜莺，这个楚楚动人的白玫瑰，这个用心跳舞的高中女生，十八岁的舞者吉静琳，最喜欢的舞蹈演员的形象来自电影《黑天鹅》。

那部由著名演员娜塔莉·波特曼主演的带点儿惊悚心理剧味道的艺术影片她看了三遍，影片中一人分饰白天鹅和黑天鹅两个角色的妮娜让她看到了自己的影子。从表面看来，那个从小学习芭蕾，妈妈的乖乖女，热爱跳舞，舞艺精湛的妮娜确实和她有太多的相似之处，但是她从妮娜身上看到的不仅是自己性格中的执着和完美主义，让她真正感同身受的是妮娜为了心里想要的那个目标执着追求的痛并快乐的历程："不是争强好胜，是和自己较劲，内心有股力量。""虽然不会挖掘得那么极端，但是需要突破。"

电影中妮娜所在的著名舞团要在新的演出季中推出新一代天鹅皇后，所有的舞者都想要竞争到那个角色。妮娜是她们当中最有天分也是最优秀的，但是她面临的挑战是必须能够同时传神地演好白天鹅和黑天鹅亦正亦邪两个角色。对她来说，白天鹅不是问题，真正的困难在于要怎样蜕变成她那邪恶的双胞胎姐妹黑天鹅，她遇到了职业生涯中最大的瓶颈。

她夜以继日地练功，可是毫无成效，舞团的艺术总监毫不留情地指出："四年来你每一步都那么完美，没有一点瑕疵，但是我从没看到你释放情绪。完美不是靠控制出来的，它同样需要释放，甩开身上的束缚，我要看到你的激情。突破自己才能惊艳观众。"

这既是对艺术的理解，也是对人生的态度。

回顾三届舞蹈节时吉静琳也这样说过："通过舞蹈实现了整个人内心的突破。"这是她和"黑天鹅"之间最大的共鸣，也是她在三届舞蹈节上最大的收获。

我们演的不是舞台剧，而是一个传奇故事

娜塔莉·波特曼在 2015 年的毕业季，在她的母校哈佛大学演讲时谈到了电影《黑天鹅》创作给她带来的启示来自对芭蕾舞者的认识："从技术上来说，你永远做不到最好，总会有人比你跳得更高，或者有更美的姿态，你唯一能做到最好的，就是发展你的自我，为你自己的体验做主。"在回顾整个从影经历时她认为最令她感到满足的事，"是人与人之间的互动，帮助他人最终会给你带来更多，跳出你自己的事情，关心他人的生活，这会提醒你不是宇宙的中心。不管慷慨与否，我们都能改变他人的生活"。

舞剧《夜莺与玫瑰》在学校首演那天，博雅学院的年轻教师王嘉星特意去看了吉静琳的演出，这个看起来沉默文静的高三女生在她的课堂上表现得观点鲜明，思维活跃，给她留下了深刻印象。演出结束后的演后谈环节，王嘉星当着全场观众激动地向舞台上至善书院的学生致谢："我在课堂上给你们讲了一个故事，你们在舞台上还给了我另一个故事。"

散场之后，她拥抱了吉静琳，并没有说更多的话。共同度过一个学段，走完了一门课程，课上课下线上线下，有过无数次的交流，让她们彼此之间产生了一份自然的默契。

三届舞蹈节上的出色表演，让吉静琳拥有了众多粉丝，她成为学校里名副其实的舞蹈明星。但是每当她站到聚光灯下发表获奖感言，或是谢幕之后演后谈环节中面对观众提问，她很少谈自己，而总是津津乐道于整个剧组整个团队为至善书院共同努力的那个过程，以及她在每个人身上看到的成长和进步。

这个在舞台上光彩夺目的女孩儿，原本应该是完完全全地沉浸在自我世界中的艺术家，然而舞蹈节让她的心胸和视野全都打开了，她对舞蹈的情感已经超越了简单的个人价值的自我实现："舞蹈节给我最大的收获不是我自己的进步，最幸福的是从一开始大家都非常羞涩，觉得自己不够好，到后来彩排的时候都变得特别自恋特别臭美，比我们得一等奖都要重要的是：帮助更多的人体会舞蹈的美。"

回顾这一切，她特别诗意地总结道："我们演的不是一个舞台剧，而是一个传奇故事。"

如果说这个传奇故事的序幕是初二那年暑假舞蹈团的一个小女生发现自己爱上了舞蹈，故事的开篇是她第一次参加舞蹈节打开了一扇窗，那么毫无疑问，高潮就是这个女生带着第一届舞蹈节收获的经验，在高二功课最繁忙的时候报名参加第二届舞蹈节。

这一次，她依然是主演和项目负责人，不同的是，当初带她的学姐已经毕业离开学校了，这意味着她的实习期结束，没有人再教给她怎么做，她要真正独立地承担起整个舞蹈节这个项目的责任，带领整个剧组，为至善书院的荣誉而战。

在一个人数很少的书院里，最初报名的只有她一个人。虽然经过书院议事会上的动员和宣传，大家陆续加入剧组，但那也是出于为书院荣誉而来，没有人会跳舞，没有人真的想上台。

吉静琳并没有灰心，反而跃跃欲试。从没有当过领导，自称从小到大一直是个跟屁虫的她，想要在舞蹈节上尝试一个新的角色，比起舞蹈节的主演，她更在意的是负责人这个职务："从我一个人组建团队开始，我就做成一个故事，要给大家营造一种感觉，从建组开始，我们整个团队就是一个故事。"

剧组成立之初，大家对这个团队完全没有概念，也没有认同感和归属感，作为负责人，吉静琳就想办法分配任务，充分发挥每个人的优势，八个人分了八个部门，各有分工，各司其职。大家的积极性一下子就来了，每个人都有自己一摊事儿，会主动和她商量，每个人都感觉很好。

团队合作的过程中，每一步她都走得很用心："你把一个任务交给他，要让他感觉这个事情完整地是归他的，他可以尽情地发挥自己的能力，这样他会一心想要做到最好，因为那个成果是他的！

"这个时候负责人绝对不能争功，要让他感觉到因为自己的才华能为这个团队出一份力，能帮到所有人，他就会逐渐对自己的职务和这个团队产生感情了，并且你帮助过他，他也对你产生了信任，这个过程很重要。"

为了讲好这个故事，作为负责人，她给自己提了很高的要求：要关注到每个人的每一步进程，不是单单派发任务，还要在任务下达之后默默观察，因为大多数同学都没有经验，她还要私下里进行引导和帮助，要让他们感到是自己想出来的，当他们出了成果之后，要把荣誉归于他们，让他们感受到在她的帮助下完成了这件事，整个团队由此渐渐产生了一种归属感和凝聚力。

如果说其他剧组的负责人主要是协调组织舞蹈节的事务性工作，那么身为舞蹈团的成员，吉静琳在带团队之余还要培养演员，用她的话说，就是要想方设法把他们心里"特别文人的酸溜溜的感觉给找出来，把他们的浪漫情怀激发出来"，让他们从一开始的没感觉不上心不自信不想上台，到最后每个人站在舞台上都闪闪发光。

《红玫瑰 白玫瑰》的最后一场戏，灯一亮场面特别震撼，吉静琳一袭红裙出场，女神般高高在上，在她身下的红裙中趴着六个女生，随着灯光和音乐的起伏变化不停扭动，红布只勾勒出她们身体的轮廓，从始至终都看不见脸。演出之后有人问吉静琳，大家都是同龄的女孩儿，她们不会觉得委屈吗？她回答说："跳舞的时候心里是有内容、有灵性的，不一定真的发生过什么，但是通过这个演出我们大家都重新认识了自己，每个人都是有故事的人。"

让吉静琳感到特别自豪的是，她看到剧组每个人都有了变化，从一开始的羞涩、冷漠、不喜欢，来这里完全是凑数，到最后每个女孩儿都会臭美了，都感觉非常自信，学会欣赏自己，每个人都演绎了一个完整的故事。活动结束之后，大家对这个团队依然非常有感情，因为他们对自己的认可将一直延续下去，整件事在他们成长过程中留下了深刻的烙印。

为了这个故事，吉静琳付出了很多，舞蹈节期间正是她高二功课最忙的时候，尽管如此，她还是下定决心坚持把这件事情做好，因为她预感到这是"高中生活很重要的转折点"。

她的家庭给了她很大支持，在剧组之外，父母和她三个人也组成了一个小团队，每天回家谈论的话题都是舞蹈节。每周二舞蹈节剧组课，爸爸都要来给他们拍照，那天正好是他的车尾号限行，他就要背着沉甸甸的摄影器材从家走到学校，之前因为开赛车受伤需要做手术，可是为了陪伴她的舞蹈节把手术也推后了。每次他来拍照，她都和剧组同学叽叽喳喳地讨论，等她想起来一回头，发现爸爸已经走了，那个时候，她的心里会感到很难过。

聪明、主意多的爸爸和虽然没经验但是干事儿能干到底的吉静琳是最佳组合。爸爸给她出了很多主意：策划该怎么做，怎么去拉赞助，怎么写方案，怎么实施，夜深人静的时候讲给她听。后来她真的从一个英语培训机构拉到了两万块钱赞助，甚至都签了意向协定，虽然因为学校拒绝商业行为最终放弃，但是这件事也给了她很大的成就感。

爸爸说，你们要把团队的作品做成一个产品卖给观众，让观众投入其中，但是她把自己整个儿地投入进去了，"真的被自己的故事感动"。

她说："作为领导者，每时每刻都要活在那个故事里。"

正是因为这一份投入，使得他们的故事格外引人入胜。在至善书院的舞蹈节筹备期间，从校会上展示的PPT到灯光和场务的安排以及黑管、萨克斯的乐器合奏，都来自高年级乃至其他书院的外援。大家齐心协力，每个细节都力争做到最好，这个过程本身也是一个动人的故事。在这个过程中吉静琳的思维方式也发生了变化，从原来只注重舞台的结果，到关注整体和过程中的每一个环节。她发现即便很多细节观众看不到，但是过程中形成的气场最终都会呈现在舞台上。

舞蹈节串起了这个热爱舞蹈的女孩儿在她所属的书院里度过高中生活的一个完美的故事，舞蹈节之后她希望自己的成长依然是一个励志的故事。高三她自己动手编剧，又参加了竞争舞蹈节女主角的角逐，她在每一个环节都以自己的方式将两届舞蹈节积累的宝贵经验交到学弟学妹的手上；毕业之前，她把上一届舞蹈节报销的钱都捐给了书院，希望自己高中三年做的事一以贯之，希望把自己的故事从容地讲完：

"一个小女孩儿，组建了一个团队，得了两个冠军，故事要有一个结尾，这个结尾不是得了两个冠军，而是在我之后大家在舞蹈节上、在书院中都有了传承的意识，希望把自己的痕迹永远留在书院。这样我的故事才完整。"

现在，美丽的天鹅，精灵般的夜莺就要飞走了，带着青春记忆的玫瑰花飞向远方，她对未来满怀期待，但同时心中也充满了依恋：作为参加了三届舞蹈节的学生，吉静琳希望北大附中的舞蹈节能一直这样办下去，因为它让那些没有机会跳舞的同学勇敢地站上舞台，运用自己年轻的身体表达他们丰富的情感，也让学校里越来越多从没有接触过舞蹈的同学，身临其境地领略到舞蹈的魅力。

正是通过舞蹈节，让她对自己生活了六年的学校有了更深刻的认识，在她看来，北大附中最大的特点就是：鼓励你去做一个人，做一个能给周围的人带来一些希望的人。

"在这个学校里，我能去尝试一些没有她的庇护不敢做的事儿，她能替我背黑锅。在一般学校里不敢这样做，年轻人需要做一些看似不着调很出格的事儿，在这个过程中看到一个没有意识到的全新的自己。"

有人问她，毕业以后会怎样向她的大学同学介绍北大附中，她斩钉截铁地回答："我会告诉他们——是一个给我很多勇气的中学。"

学校给我们提供了可以去向感兴趣的各个方面伸出触角的机会，如果能在这个过程中充分地了解自己，找到一个奋斗目标，那不是更重要吗？

这部剧的灵魂，在于所有人团结和追求完美的心

11

走到底

暖黄色的灯光打在一组乐师身上，缓缓的弦乐和时而短促深沉的筝声相呼应，营造出一种清新却又压抑的气氛。改编自川端康成的同名小说，致知书院的《伊豆的舞女》开始了。一个穿着单薄白裙的小女孩从乐师中间站出来……

他们是来自两个阶级的人，一次偶然的相遇，从最初的逃避到心心相依，从小心翼翼的一次次接触到想拼尽全力去追求最初的感动。致知书院的同学们带我们去那个最纷乱时代里的日本，仿佛亲身体会到舞者们的哀伤与痛、珍重与不忍。

全剧最大的亮点在于来往的人的塑造，在宣传片里他们曾经说过，最初报舞蹈节的同学中并没有会跳舞的，而大胆卖力的表演，将男女主演之间难以逾越、无法挣脱的差异，也是这爱情最终会走向悲剧的结局的原因表现得淋漓尽致。

同时，整部舞剧的背景音乐也值得一提。连续轻柔的和风音乐将人的思绪紧紧系在剧情上，时而随着剧情的转变有所起伏，却不给人

突兀的感觉，无处不在却并不喧宾夺主。

在故事的结尾，人们吟唱着悠扬的歌谣，排排站在如雪一样纯净的白布上。女主角站在人群的中间，在温柔的音乐的衬托之下，显得格外娇小单纯。这段故事结束了，观众们深受感动。无论时代如何残忍嘈杂，这种爱依然纯洁无瑕。一次转身，指尖的相遇，却敢于冲击、挑战社会或是权威。若是没有纷纷扰扰，就这样一直拥着你，再也不放开好不好。

这段文字来自舞蹈节的展演周期间，北大附中的学生记者采写的一篇报道，发布在学校官网上之后，致知书院的舞蹈节负责人王逸然立刻将它转到了自己的朋友圈。很多人点赞，他只是淡淡地回应：演出还没结束，这个只是剧透。

演出虽然还没结束，但是致知书院的剧组已经洋溢着一片欢声笑语了。和之前训练时走过的沟沟坎坎相比，每一次演出中收获的观众的掌声和感动都让他们感到格外自豪。

他们是本届舞蹈节最大的黑马，所有人都知道他们是一个零基础的团队，在上一届舞蹈节上的表现也乏善可陈，甚至他们的书院一直都没有被命名一种独树一帜的风格。欢快、洒脱、温暖，是大家对他们的普遍评价。他们当然不满足于此，在这所彰显个性的学校里，他们也希望自己有与众不同的表现。

现在终于有机会展示他们的才华和实力了，他们紧紧地抓住。在舞台上全情投入，享受着寂静的剧场里每一分每一秒观众跟随他们的情绪起伏。

散场之后，全剧组依然沉浸在成功的喜悦中，相互交流着同学们在朋友圈里对他们舞剧的赞美，每到这个时候，王逸然跟整个剧组欢快的调子就显得很不协调，当大家笑成一片，打打闹闹时，他脸上的表情始终严肃，一副心事重重的样子。

在后台卸妆的时候，他会给大家指出之前场上发生过的各种状况，提醒大家下一场要更加小心注意。台下他是负责人，台上他是群演和道具，心里数着拍子，投入角色的情感，一边跟着大家做动作，一边又要观察全场的节奏，演出结束后还要给所有人鼓劲儿："我觉得还可以更投入，咱们指导老师的要求是——可以把人看哭。"

这是一个一丝不苟的负责人。他要求整个展演周结束之前演员都应该保持冷静，不受外界影响。

他希望自己的同学能以最饱满、最积极、最严肃、最认真的态度完成这一场他称为万里长征的演出。

演到第三场时他给同学们分析形势："现在我们还没有完成任务，之后的情况会越来越严峻，虽然第一场惊艳了是开门红，但实际上第一场是没什么要求的，第一场无论是演好还是演砸，影响的都只是那一场的观众。"

"舞蹈节不像篮球赛和足球赛，打一场就出一场成绩，赢了就是赢了，你就知道自己的实力。现在我们还不知道真实情况到底是怎样的，你听到的反馈不一定就是最后的结果。"

在他看来，在展演周期间，每个剧组连演六场的意义就是要经历一个完整的过程，"其实是演一个整场，中间间隔了六天而已"。剧组里其他同学认为那个结果是一场和一场的叠加，他却认为是一次性的终评，没有一场可以懈怠。

观众也都不一样，今天是学生观众的主场，明天是老师校长学长学姐，后天可能会有录像，最后的两场更是关键，那是北京舞蹈学院的专业评委在场观看，每一场都有每一场的期待和要求，"所以我觉得我们的任务是艰巨的，现在沉浸在胜利的喜悦中为时过早"。

面对突如其来、之前并没有太多思想准备的赞美，作为负责人，他要想方设法调节团队的情绪："我需要让他们冷静下来，但是没有达到预期的效果，那至少我自己要保持住状态，如果能影响到他们最好，如果影响不了，那我觉得有自信也是好的，之前没有自信，那就顺其自然。万一出什么状况，比如乐极生悲，再去把他们收回来踏踏实实地继续。"

和自带光环、具有明星效应、对舞蹈节踌躇满志的至善书院负责人吉静琳不同，舞蹈节并不是王逸然的主场。这个喜欢做化学实验的理科男生根本就不会跳舞，从来也没有接触过这类艺术熏陶，对他来说，舞蹈节只是和戏剧节、足球赛、篮球赛等同的书院活动，作为一个想为书院做贡献的人，因为前三大赛事都没有参加，感觉不太合适，所以报名参加了舞蹈节的剧组课。

即便如此，当初进入剧组的时候也只是想做一个舞蹈节纪录片的摄像，发挥技术优势，同时观察和了解整个舞蹈节的模式，没想到正赶上原来的负责人临时有事中途退出，他才半道捡了个负责人。

说起他当负责人的过程也非常偶然：在舞台上广受好评的开场的合唱，起初并没有受到学生们的重视。老师布置了排练的任务，可是一个星期之后第二次上课时完全没有效果，老师很生气，责问合唱部分的负责人是谁，其实原本并没有安排负责人，于是大家陷入僵持中，没有一个人出来应答。僵持了一段时间之后他站出来说"是我"，扛下这件事儿，只是因为不想再耗下去了。

这件事儿之后不久他就被推举当了负责人。在这个成员普遍性格内向的剧组里，大家都看出来，他就是那个平时可以组织协调，关键时刻可以出来担当的人，这就是负责人的最佳人选。

一开始王逸然在心理上有点儿拒绝，他只有在初中时候因为口才好做过主持人，却从来没做过负责人，他本身的性格也是相对被动和谨慎的，没有掌控局面和处理各种关系的经验，当初也并没有想在舞蹈节上有什么作为，但是事情既然来了，他决定顺其自然地接受，让他没想到的是，真的成为负责人之后，整个人的主动性和积极性不知不觉就出来了。

要组织协调排练时间，要跟舞蹈节赛事委员会约场地，要准确地把老师的意愿传达给同学，尤其是需要注意的问题要反复叮嘱，各种预先完全没有料到的琐事扑面而来，每件事都等着他去处理，千头万绪。

不仅是在学校排练，每天放学回家之后他们还要在微信群里讨论。剧组成员随时都会上线提出问题和要求，而他必须一直都在，要保证每个人都能找到他，每天晚上至少要花费三四个小时。

花时间还在其次，让他感到头疼的是必须面对层出不穷的矛盾和问题。就是协调组织排练这么简单的事儿也不是很容易办妥。在走班制的北大附中，同学们每个人都有自己的课表，有自己的日程安排，要找出能把所有人集中在一起的时间变得非常困难，过程中难免会顾此失彼，会相互埋怨，遇到这种状况，他就端正态度揽下责任，先想办法缓和气氛，等大家都冷静下来之后再一起协商解决。

除此之外负责人还有一项特别重要的职能，就是要充当舞蹈学院的指导教师和剧组同学之间的一个沟通桥梁。当双方发生意见分歧的时候，他会保持相对理性克制的态度，站在一个客观的角度上去分析问题。在他看来，附中的同学都有自己的想法，个性强，思维活跃，在这一点上他们的指导教师并没有充分的思想准备，当问题发生时，年轻老师容易情绪激动，态度上缺乏足够的耐心。但从另一方面来说，他们对工作非常尽心尽力，在自己的学习任务相当繁重的情况下还给他们增加了好几次排练，训练之外在音乐、灯光包括宣传片等很多方面都提出了自己的想法。

在教学过程中他能明显感受到他们的责任心和专业程度，专业的训练方式，如何让演员保持一个好的状态，老师对他们的付出可以说是不遗余力的。正因为如此，老师对他们的要求也格外严格，"其实是有道理的严格，确实有些要求是我们应该达到但是没有达到，老师才会比较激动"。

于是他在双方面都做工作：

在舞蹈上他也是零基础，要让专业老师理解动作对他们的难度，但是在同学那里，他尽可能准确地传达老师的意图，要让大家理解，思想上达成一致，作为负责人，他也有意无意地延续了老师的那种严格的风格。毕竟，在一个非专业院校里，对像他们这样一片空白的中学生来讲，能和专业老师学习本身就是一次非常难得的机会。

就是在这样具体的工作中他的责任感变得越来越强，中间也有过委屈、纠结、烦躁、气馁，想放弃想撤退，但是想到万一自己跑了，剧组散了，所有的努力都半途而废了，就咬着牙推着自己往前走，继续扛下来。

最后大家能走到底，他归功于整个团队其实都是有责任心的，所以矛盾能够化解，"演出的时间节点本身就是一个警示，让大家最终团结起来，各就各位"。

他们的努力没有白费，彩排的时候心里就有底了。首先是双人舞带来的惊喜，让他们眼前为之一亮，心头也为之一振。这种惊喜当然是带有他们排练时的感受，从一开始两个人抗拒双人舞的形式，因为都不会跳舞，男主角抱女主角这样基本的动作都完成不了，但是后来一步一步，包括到舞蹈学院加练，最终能呈现这样的效果，剧组所有人都没想到，看到他们那么有力的托举，情感彻底爆发出来了，大家都很感动。

作为演员和观众关注的点不一样，观众看的是舞台呈现，而他们，看到的是过程，一步一步走过来的、洒满汗水的那个成长的过程。

神秘的大海

《伊豆的舞女》是王逸然第一次完整的舞台经历。他一开始在舞台一侧打灯，后来是兼做群舞。虽然不是什么重要角色，只是跟着大家在舞台上走来走去，因为剧情的需要还要匍匐前进，往地上摔的那一刻感觉只有疼。可是，在舞台上的经验如此宝贵，走也好，摔也好，疼也好，闪亮也好，都让他看到了原来在观众席上看不到的东西。之前认为欣赏舞蹈只是欣赏动作的美，但是真正做了演员体会了以后才知道，舞蹈的魅力在于思想。

虽然他们都不会跳舞，经过训练之后在艺术上也没有达到多了不起的高度，只是看上去像模像样而已，但是通过这样简单的动作和造型原来也能体现出一种美，传递出一种思想。

应该说，是他们想要表达的思想征服了观众。

这颠覆了他对艺术的认识。

舞蹈节颁奖典礼那天，王逸然代表剧组上台，专业奖评委给了他们一等奖，他们的获奖词是："致知书院舞剧视觉呈现色调明快，剧情单纯而准确，演员投入、有状态，创作组对文本的解读也非常精准。"

而在私下里，他给自己也有一个颁奖词："没干什么漂亮的事儿。比较让自己感到满意的，其实很简单，就是我坚持下来了。"

当天他一口气连发了七条微信，对剧组成员他写道：

"说好的保二争一！谢谢大家这么长时间的努力！我觉得台上应该有你们每一个人！"

此时他终于放松下来，享受成功的喜悦，他的表达一反常态的高调：

"如果你还没看过致知的舞剧，那你应该来体会一下专业奖冠军实力！"

"如果你之前看了却没看懂，请补完电影以后再来寻找不一样的体会！"

"如果你之前看了并喜欢我们的舞剧，就来重温一下那份感动吧！"

……

加演的时候，王逸然特别邀请了初中同学来看他们的舞剧，想和他们分享这份来之不易的成就。他初中就读于海淀区的一所百年老校，虽然来到北大附中以后投入了丰富多彩的生活，但是他心里始终还牵挂着初中的母校，还有一起度过美好时光的初中那个班，是他们学校的重点班，那种团结友爱的氛围让他特别怀念。

实际上他在那个班上只读了一年多，在初二到初三之间，因为父母的工作原因他到美国上了九个月的学。回来以后已经是初三下学期了，他被分到普通班，当时他觉得不甘心，憋口气一定要考好，初三一模考试他名列前茅，中考如愿以偿进入了自己的理想学校。

也正是这段经历让他来到北大附中以后感觉如鱼得水。他在美国读书的中学也是采用这里的选课和走班，这种模式对他来说很容易适应，另外，这所学校不强调考试而鼓励学生参与各种活动，在活动中全面发展和锻炼的做法也给了他更大的成长空间。

经历过中考的飞跃之后，他对未来的高考已经没有什么担忧和顾虑了。既然只用了半个学期就追上了教学进度，说明应付考试没有必要浪费更多时间。舞蹈节期间有的同学家长会埋怨，说学校活动太多了影响学习，孩子心都浮了，他会反问一句："如果能在这个过程中充分地了解自己，找到一个奋斗目标，那不是更重要吗？"

学校活动给他带来的是"可以去向感兴趣的各个方面伸出触角的机会"。虽然有在国外读书的经历，但却决定参加中国的高考，正是因为出去过之后反而没有了那种向往，知道"国外也有它的不足，逃避出去未必能混好"。所以他更能体会经历对于他们来说的重要性，因为很多事情都要自己真实地迈出那一步，早经历早搞清楚才能早一点做出正确的选择。

他用橙色形容自己的初中母校，温暖，稳定，很传统，历史悠久，到处洋溢着一种浓厚的文化氛围。在他眼里的北大附中是蓝色的，灵动，自由，开放，有广阔的空间，如同大海，但是大海很神秘，海面下深不可测，也会隐藏着危险。

从中国到美国，从传统老校到"神秘的大海"，小小年纪的丰富经历让他反而具有一种这个年龄段少有的平衡力。

如同上一届他们书院的舞蹈节参演剧目《蜡像馆》表达的思想："因为受到很多东西的束缚，使得我们常常迷失，找不到前进的方向和动力，游客拆下了蜡像手上那个象征束缚的手环，蜡像们获得了自由和生命，但是现实生活中，能为我们解开'手环'的，只有我们自己。"对他来说，任何一种教育都有它的合理性，关键是如何从中找到自己需要的东西并获得成长和发展。

当初他刚入校，选择的是明德书院和诚意书院，但是最终的结果却被分到了致知。起初他对致知书院和书院色黄色都没什么特别的感觉，但是和同学们相处了一段时间之后，他又爱上了这个在七个书院中看起来也许不算起眼儿的致知书院。

第一印象来自学长学姐。从小学到初中，大家对年级的观念非常明确，高低年级之间不会有什么交集，也不会认识其他年级的学生。但是在北大附中，高年级的学长学姐从进校第一天开始就为他们提供帮助，做出的榜样让他不由得想要在不远的将来为自己的学弟学妹做点儿什么。入学教育中，学长学姐为他们亲手做的代表书院文化的黄色手链，让他一下子对这个陌生的集体产生了特殊的亲近感——这是一个温暖的、可以互相帮助的书院——学长学姐把这样的想法无声地传递给他们。

还不到一学年，谈到自己的书院时他就已经充满了自豪，人家说致知的特点不突出，他会特别骄傲地回答："真正突出的特点还有待挖掘，但是我们各方面都不差。不突出不是因为平庸，而是因为我们很全面、很平衡。"

加入舞蹈节剧组，让他不仅融入了致知书院，也让他对这个集体产生了一种强烈的责任感和使命感。

舞蹈节是起始。因为想为书院做事儿才加入进来，无意中结成了一个团队："在一起有过开心的过程会让你们更亲密，如果有过不开心的过程会让你们有更深刻的心灵的交流。这种感觉如果不进剧组是无论如何不可能体验到的。"

相比起学校其他活动，舞蹈节更难也更小众，可以享受到的荣誉和关注并不多，所以报舞蹈节的人都是一群彼此之间有类似追求和想法，很容易产生默契的人，会不由自主、不约而同地去干同一件事情，就像志同道合的一个小工作坊。

舞蹈节还没结束，王逸然已经报名参加了书院招募下一届新生以及书院活动室装修的项目，他发现来到这里的大部分都是舞蹈节的原班人马。这是一个奇特的团体，纯民间纯自发的组织，只是很小一群人，却有很大很大的能量。很难一下子说清驱动力来自哪里，可能是学长的榜样，也可能是对书院的认同感和归属感，在这个学校，他们唯一的标签就是书院。

星星之火，可以燎原，连舞蹈节都能拿下，他们相信其他事情他们更能应付自如。

在2017届致新书院的招新宣传帖上，有很大一个篇幅留给了舞蹈节。作为负责人的王逸然这样写道：

　　我要感谢我们所有的演员，我们默默付出的灯光、音响和场务，以及所有为致知舞蹈节做过贡献的同学，我们都没有舞蹈基础，从拉体能到练"倒地"，再到最后整体合灯光音乐，在辛苦的排练过程中大家都付出了自己不懈的努力，排练和最后展演都不断有人受伤，但大家都一直坚持了下来。我还记得大家膝盖摔到瘀青时文岳为大家带的膏药，我还记得平日严厉的老师细心照顾受伤的魏元承的场景。也许排练过程十分艰苦，也许有很多人想过放弃，但没有一个人在中途离开。正是大家这样的努力，让我感受到了无比强大的力量；正是大家这样的努力，造就了致知今天的辉煌！

　　其中最辛苦的莫过于我们的男女主角。因为我可能是剧组中除老师以外比较了解你们排练情况的人，我深知你们在排练双人舞的托举动作时遇到了多大的困难。从一开始的无法配合，到最后的默契呈现，你们的辛苦可想而知。就算有些许怨言，你们也没有卸下自己肩上的担子，默默承担了剧组中难度最大的动作和老师最多的责备。你们是这部剧的核心，你们的成功是这部剧成功的关键。

　　而这部剧的灵魂，我觉得，在于所有人团结和追求完美的心。舞蹈学院的老师在颁奖时都赞叹，咱们把这部剧的感觉演出来了。这个从一开始就被视为无法企及的目标，在我们一次次的争执、一次次的讨论中慢慢实现了。在这里，我感受到了一种团体的凝聚力，这就是作为致知人，我们为自己拼搏、为书院贡献的精神。

　　我相信，当所有人唱出结尾那段动人的旋律的时候，致知那一抹黄色一定倾洒在每一个人的心间。黄色是多元的，它既有动又有静，既包含灵活欢快也保有沉稳温情。也许"致知"这两个字在我们每个人的心中有不同的解读，但是唯一不变的，是我们对于书院的一份热爱，和对于做出那份选择的永不后悔。只有这样的一群致知人，才会把《伊豆的舞女》那份凄美和感动赋予震撼人心的力量。只有这样一群致知人，才能让舞蹈节成为我们最珍贵的回忆。

关于理想
的课堂作文

这三年，我是实实在在地活着，我追求着自己触及灵魂的理想，我存在过。

12

风物长宜放眼量

虽然之前来过很多次北大附中，但一直到了舞蹈节期间，张轩梓的妈妈才发现，原来在学校西楼还藏着一个别有洞天的黑匣子剧场。

她把这个剧场称作试验田，让小朋友能尽情发挥天赋的沃土。

作为一个资深的文艺爱好者，张轩梓妈妈平时经常去东方先锋剧场看戏，她觉得在北大附中的黑匣子看到的舞剧和在东方先锋剧场看的戏有很多相似之处——都是小剧场演出，演员都是因为热爱而坚持，很辛苦，一定不是奔着名利来的。相比起来，先锋剧场的演员更老练，附中的孩子虽然看起来稚嫩，但是对主题思想的挖掘上更深刻一些。

和其他家长专程来看自己孩子的演出不同，张轩梓并没有参加舞蹈节，妈妈背着他来看戏，只是为了增加和孩子沟通的话题，多了解儿子的校园生活，以便进行"润物细无声的渗透"。

作为高一男生的家长，张轩梓妈妈对儿子的教育格外用心。在家长的微信群里看到对附中舞蹈节的热烈讨论之后，她决定亲自到学校看个究竟。虽然那些学生演员的家长们会热心地进行最详尽的现场直播，看他们发的大量图片就可以直观地感受现场气氛，但她就是不喜欢人云亦云，不要经过过滤的信息。对儿子的事，她希望尽可能掌握第一手材料，因为只有身临其境，才能做出自己准确的判断。

大多数家长只看了自己孩子所在的书院演出的舞剧就走了，她却坚持七场看完，每个书院的舞剧她都看得很仔细，演后谈的环节还会向演员提问。第一天看了下午场，第二天又续上了中午场。这个时候她的身份既是家长，也是观众。

甚至有时候看着看着会忘了家长的身份，孩子们的精彩表演让她再次发现了舞蹈的独特魅力。从部队转业到地方之后，她所从事的工作与残疾人事业有关。2014 年北京 APEC 会议期间，她组织了一场聋哑人艺术家的舞蹈节目，受到与会的领导人夫人的一致好评。

那次演出让她领悟到，真正的艺术家即便身体上有残缺，传递出来的美也一点儿不受影响。美不一定要用语言和文字表达，聋哑人听不见外界的噪声反而能够更充分地审视自己的内心，无声的美会带给人更大的想象空间和更强的艺术震撼。

北大附中的舞蹈节完全超出她的预期。比那些热情洋溢的家长发回的报道更让她惊讶的是，这些和自己儿子同龄的小演员，在她眼里原本还是什么都不会的孩子，却能跳出这么扣人心弦的舞蹈，视觉和情感上都带给人极大的冲击，带给观众的审美感受一点儿也不亚于专业演员的水准。他们那么用心和投入，在舞台上，他们是美的精灵，美的使者，美的化身！

台上一分钟，台下十年功，孩子们呈现出来的状态让她感动，显然是经过很多努力付出很多汗水才能走到这一步。不仅是在舞台上，可以感觉得到剧务、化妆、服装、道具样样都很用心，灯光和音乐配得尤其好，每场戏都有可圈可点之处。

排在第一位的当然是儿子所在的新民书院。画面唯美，感情真挚。最后一幕，暗黄的灯光打在透明的纱帘上，映在穿旗袍的女生那一排婀娜的背影上，宛如博物馆里的小瓷人儿。故事情节特别紧凑，细节也一丝不苟，日军魔爪下女学生的惨叫，旗袍女从女学生手中郑重地接过服装慷慨赴死，好几个段落都让这个妈妈潸然泪下。

在她的眼里，每个书院的表演都有动人之处：致知书院的《伊豆的舞女》中孩子们齐刷刷站在舞台中央的白布上合唱，虽然听不懂日语，但他们那样深挚和投入的情绪打动了她；正心书院的《断线的木偶》，演员们身上的绳子时而缠在一起时而要挣脱开，孩子们有序的动作打动了她；至善书院的《夜莺与玫瑰》结尾处小姑娘扮演的夜莺滴血，滴在白花上瞬间变成耀眼的红花打动了她；格物书院《AUTOMATIC》中小男孩儿和陪伴他长大的机器人之间的温情打动了她；明德书院的《面纱》里女孩儿的纯洁打动了她；诚意书院的《影中人》灯光的变化运用打动了她，一度让她担心对儿子所在的新民书院会形成冲击。

起初她站在最后一排，想看清楚舞台上的演员和全场观众的反应。但是一个女生礼貌地请她离开，她坐在倒数第二排，好奇地回头张望，清楚地看到那个女生举着一大块看起来很沉的蓝色幕布，目不转睛地盯着舞台，这一刻也深深打动了她：当同一书院的女生站在追光下，在众人的注视中翩翩起舞，享受着青春绽放的光彩时，这个负责剧务的女生却默默站在黑暗的角落，没人注意到她，她就那样一直双手举着道具站在最后一排，全神贯注。

台上的演员是投入的，台下的观众也是投入的，无处不在的剧务也在其中。没有人是来打酱油的，所有人都融入其中，相互契合，水乳交融。演后谈的环节观众通过提问也参与到创作中，第一天演出结束观众提问同时也提出建议，第二天演员就做了改进，每场都在改，学生的创作也在实践中从各个角度得到丰富和完善。

在她看来，黑匣子剧场里已经形成了一个"场"，一个有凝聚力的、有浓厚艺术氛围的神奇的"场"，每个人都得到滋养。是美的展示，也是能量的汇聚。

连着两天七个书院的节目看下来，张轩梓的妈妈觉得自己离儿子的世界又近了一步。

来之前在她的预期里，舞蹈节的艺术水准没有这么高，也不会有这样多部门合作的专业化呈现。也就是小孩子跳舞，联欢会的意思，化化妆，穿穿漂亮衣服，舞台上跑跑。大约都是青春主题，活泼向上单纯美好，对自己现实生活的反映，这个年龄段该有的天真烂漫无忧无虑——人到中年，妈妈想象中的舞蹈节就是这个样子。

但是孩子们的表达和她想象的完全不一样。大人想要重返青春，他们却想往前冲，阴阳相隔，挣脱束缚，现实和理想冲突，魔幻的，超现实主义的，早熟的九〇后对个体的关注大过对集体的关注。

只有正心书院的《断线的木偶》一个几分钟的小片段，小男孩歪戴着帽子拍篮球出场的那个画面比较符合她的期待，这是想象中他们的状态。每次到学校来，一进校门踢球的打球的热烈的青春气息扑面而来。在别的地方，她看不到这么多充满活力的孩子。

一开始她还为整个舞蹈节孩子们在主题上集体跑偏耿耿于怀，干吗要这么沉重呢？后来她想明白了，这个年龄段正是想要彰显个性想要表现成熟展现自我的时候，和她内心深处希望孩子长得慢点儿再慢点儿的期待之间，形成了心理落差。

她很庆幸自己当了舞蹈节的观众，让她对儿子的学校有了感性的全面的认识。孩子们的表现全方位超出她的预期，让她也更加体会到当家长的责任。

任何职业都要学习，当家长也是，教育不是一件简单的事儿，做父母不是天生就会的。和孩子的交流不能想当然全凭直觉和老经验走，在这样的时代这样的学校，家长要和孩子共同学习，共同成长。

张轩梓的初中并不是在北大附中就读的，因为想要出国所以考察过北京的好几所学校，最终选择这里是妈妈的决定，但是真的经过考试入校之后却遭遇了意想不到的挫折。

孩子在初中是足球明星，学校有很大的足球场，下课以后他夹个足球就出去了，那儿有他的位置，他当过班长，课堂之外也有自己的寄托，班里没有学足球的，却硬是在他的影响下带出了一支足球队，一直到上了高中，这支球队依然活跃。

来到北大附中以后，学校的体育馆正在修建中，想要踢足球还要到北大去，这极大地影响了孩子在新环境里的心情，状态也不对了，新环境融入不进去。上课时坐在教室最后，学校里的什么事儿都不喜欢不参与，隔岸观火，与世隔绝的劲头儿。这让妈妈焦虑，甚至一度产生了想要转回初中学校读书的念头。但是爸爸说，既然孩子出国以后也是一个陌生的环境，就要想办法适应这里。

那时候是冬天，每次开车送儿子回学校，进校门的时候都是很不开心的样子，天儿也瓦凉瓦凉的，妈妈的心也瓦凉瓦凉的。

就这样过了一段忐忑不安的日子，四大赛事开始了，张轩梓报名参加了书院杯足球赛，还当上了球赛的负责人。组织队员张罗训练找教练买队服全程都是他自己独立完成，整个足球赛期间他忙得不亦乐乎。妈妈当然全力支持了，但同时又隐隐担心，毕竟是高一的学生，初来乍到，书院里那些高二、高三的大孩子能听他的吗？结果，孩子顺顺利利把整个活动盘下来了，成绩也不错，这一下孩子的感觉出来了，话语权有了，状态变了，影响力知名度飙升，回学校也精神抖擞，不再灰溜溜的了。

这个时候妈妈认识的家长也越来越多，融入度高了，对学校情况了解多了，也不再那么惶恐不安了。

就在和黑匣子剧场一墙之隔的阶梯教室，学校面向家长推出了心理课程，她有时间就会去听课，向老师请教，也和其他家长交流。心理老师告诉他们，学校的很多活动，四大赛事，给学生一个情绪宣泄的出口，正能量可以储蓄更多，负能量冲掉，活动越多出口就越多。

亲身体验之后，她特别想要鼓动儿子参加下一届舞蹈节。之前因为不了解错过了报名，现在她为自己的儿子感到遗憾。妈妈知道张轩梓不仅是足球明星，还会吹长号弹吉他，很有文艺天分。当然她不会强迫，会循循善诱，谈谈自己的观感，再听听他的感受。在妈妈看来，踢足球是展示力量美，舞蹈节可以展现男孩子的阳刚美。女主角都那么美，单是作为观众，她也希望舞台上出现像他儿子这样的帅小伙儿。

作为妈妈，她希望儿子得到身心的全面发展。美是人永恒的追求，青春期的时候青春的力量也要在特定的阶段展现出来，参加舞蹈节，参演舞剧，对剧情的理解，与他人合作，向专业老师学习，怎样通过动作展现情感，这都能丰富他的人生经历，对他的心灵也是一种充实。舞台上的经历和现实中是不一样的，艺术可以使人精神上得到提升。

通过舞蹈节，她对北大附中的理念有了更大的认同。今天的时代和她成长的那个时代不一样了，物质生活丰富了，但是精神生活却相对匮乏，孩子在精神世界的探索显得尤为重要。在这一点上，这所学校给了他们足够的尊重和关怀，为他们搭建平台，给予他们自由发挥的成长空间，整合资源创造条件，引导他们往专业化方向发展。

之前想象中觉得遥不可及的想法在这里已经成为常态化机制，一届一届学生相互传承，每一个新生都能感受到这种氛围：作为一个精神方面的探索者，在这里会得到充分肯定和赞许。在张轩梓妈妈看来，这样的做法相当前沿，也非常可贵。

舞蹈节展演周如火如荼进行的时候，正是临近高考不少学校如临大敌的时候。这所学校并没有因为高考打乱既有秩序，校园里热议的话题是舞蹈节不是高考。在这里，舞蹈节和高考得到同等对待，都是生活中一件需要认真完成的事情。

有时候张轩梓的妈妈会在朋友圈里分享她的心得，也会有持不同意见的家长说：你们孩子在出国的书院，将来又不参加高考，你这是站着说话不腰疼。她理解家长的焦虑，类似的焦虑她也有过，但是现在，随着孩子的成长她在认识上也有了变化，对孩子的教育，她更想跟他们分享的是他们那个时代的语录：风物长宜放眼量。

凝聚力、专注力、战斗力

如果要问北大附中第三届书院杯舞蹈节的最大赢家是谁，在学校里随便找一个学生都会告诉你，当然是新民书院了！颁奖典礼的那次校会上，从新民书院所坐的区域爆发出来一次又一次欢呼声，夸张一点儿说是那种可以把学校的致蕙礼堂给掀翻的声浪，有史以来舞蹈节上第一个大满贯，让一直都在学校处于相对特殊地位的新民书院结结实实地揽在怀中。

大众奖一等奖，专业奖一等奖，连灯光和纪录片也是一等奖，想想真是醉了。

连平时最沉得住气最高冷范儿的几位新民高三大哥也都按捺不住从座位

上站起来鼓掌，脸上挂着掩饰不住的自豪和狂喜：我们的！都是我们的！

如果说这是一枚幸福的大炸雷，引爆它的就是纪录片奖的一等奖。

舞蹈节的专业性除了体现在聘请专业的指导教师，设置课程进行专业训练，专业评审和大众评选的环节也都一丝不苟之外，七个书院每个书院都会配备自己的纪录片摄制组，他们全程跟拍舞蹈节剧组排练期间的视频，之后剪辑成短片在颁奖典礼上放映。如同七个书院的舞剧在同一天里亮相黑匣子剧场，七个书院的纪录片也会在颁奖典礼的校会上在全校学生面前集中放映，这也是一场展示和比赛。

每个书院的风格都不一样，有的是搞笑版走自黑路线，有的是煽情版走文艺路线，有的是明星版走唯美路线，还有的是宣传片走的是学术路线。既然是延续三届的传统项目，大家自然也想要花样翻新，出奇制胜，然而没想到最终胜出的新民书院的纪录片却是看起来中规中矩最朴实的风格。

"在那个满目疮痍的城市，我闻到了硝烟与血腥混杂的空气，感受到了那股透过她们的眼睛直射于我内心的恐惧，听到了人们孱弱的呼吸。我看到了生，看到了死，看到了救赎，也看到了重生。"

改编自同名电影《金陵十三钗》的新民书院的舞剧，讲述了发生在抗战时期的南京，一位美国人在战争中见证日军在中国烧杀劫掠的暴行，百姓颠沛流离的苦难，以及几位风尘女子不顾个人安危，奋力拯救同胞学生的高贵与善良。

新民书院的纪录片忠实地还原了学生舞剧所呈现出来的战火硝烟、悲壮凝重的时代氛围以及残酷冰冷的战争中中国人的友爱与尊严。

从学校的纪录片课老师手中接过这个一等奖的奖杯和证书，纪录片的编导李子峣还觉得有点儿难以置信。同书院的同学们向他报以最热烈的掌声，在那之后他们势如破竹拿下了所有奖项，纪录片奖成为那个幸运的开始。一切都突如其来，恍如梦中。

在随后的新民书院集体庆功的聚餐会上，有人问他为什么要采用那样朴素的风格。在这个学校里，很多人都会玩儿影像，而李子峣本人也是一个资深的摄影爱好者，平时他拿着大相机在学校里到处拍大家都是有目共睹的，如果要想炫技的话对他来说应该不在话下。

然而最终还是选择了毫无悬念的纪实风格，叙事也是娓娓道来，没有华丽丽的艺术渲染。

李子峣的回答也特别干脆，因为拍的是纪录片而不是微电影啊。

从承接这个任务开始，他对自己的工作就有一个十分明确的定位。纪录片虽然最终也要展示给观众，但是在舞蹈节里设置纪录片环节更多是为舞蹈节服务。要考虑的问题不是如何讨好观众、迎合观众，而是如何在限定的五分钟时长内更好地展现十五分钟的舞剧以及在舞台之外三个月的训练课程上发生的故事。

在创作过程中他越来越意识到，其实做纪录片和拍照片的理念基本一致，靠的不是后期，要的是原生态，突出现场感，要真实呈现，忠实于素材。

为了积累素材，他从建组的第二次课就进入了新民书院舞剧《金陵十三钗》的剧组，此后的三个月几乎是一次课不落地跟着走完全程。作为纪录片作者，他的视角和别人都不一样，他既是剧组成员，也是一个特殊的观众。在排练中新民的剧组给他的感受是：凝聚力、专注力和战斗力。

排练是按角色分三组进行的，他的片子也分了三个部分，女学生、妓女以及被称为黑暗元素的日军。女学生是最严肃认真的，向内收，惊恐，胆怯，承受着巨大的痛苦；妓女世故，奔放，大胆，敢于承担；黑暗元素邪恶，压迫，不排练时几个男生都很逗比，整个剧组活泼不死板，气氛很好，每个人都愿意做自己的角色，表现出自己的个性，排练时没有人偷懒，每次课大家都自觉进入角色练习动作。

相比起来最难的其实是黑暗元素。这几个男生不会跳舞，练习起来更辛苦。角色上反差也大，毕竟是高中生，要演出日军的黑暗属性，那种真正的邪恶感，实际生活中很少有经验，只有从影视作品里找感觉，很长时间都不得要领，平时排练老师批他们最狠，动作做不到位，劲儿出不来。

他们不知疲倦地排练，反复做动作，不停地讨论想要找灵感找感觉，直到有一天李子峻躺在地上仰拍，他们从他身边迈步过去，他从镜头里看着他们的脸，突然产生了一种狰狞可怕的印象，看着他们的脸就有一种身临其境到了战争现场的感觉。那时候他预感到，这个戏要成了。

不管是黑暗元素还是女学生或者妓女，整个剧组感觉非常有凝聚力，三个主角都有各自独立的故事，像是三个模块在运动，但是每个片段都黏合得非常准，大家通力合作。最后给观众印象最深的两场戏，也是让很多观众感动落泪的戏，就是黑暗元素出场压制女学生以及女学生和玉墨互换衣服。每个人都在里面有故事，每个人之间又都有关联。作为旁观者，李子峻深知，单独跳是一回事，要形成对话和配合又是另一回事了。最终大家呈现出来的状态非常统一，协调一致，重组整合为一个整体，每个动作每个配合每个效果都付出了很多。

女学生要被黑暗元素举起来伤害，尖叫，围追堵截，跌下来扔在地上拖来拖去，这一场高潮戏中演员真的是啪一下被重重摔在地上，起初大家也怕受伤放不开，但是排练时间越长入戏越深，大家为了这个剧也就越是豁得出去。

如果说《金陵十三钗》的胜出是观众被戏中的氛围打动了，那么在李子峻看来，之所以能营造出这种感人的氛围，完全是因为演员们有一种勇敢和坚持不懈的力量。不管摔得多狠、拖得多惨、练得多苦，为了那个目标大家一起挺过来了。

别的书院的学生为新民剧组在舞蹈节期间表现出来的团队意识和凝聚力感到惊讶，毕竟他们是出国书院，接受的教育也是偏于自由和个性化的理念，但是在李子峣看来，大家的这种热情投入和团结的态度是顺理成章的，根本原因来自对题材的认同。

因为上一届舞蹈节改编了电影《冰雪奇缘》得到了其他书院同学的认可，这一届一上来他们就锁定了电影改编的形式。和校园舞剧相比，历史题材的舞蹈更有厚重感。在江苏长大的李子峣当然特别能体会南京大屠杀对中国人来说是一段多么撕心裂肺的历史，当初电影《金陵十三钗》的公映就引起了很大反响。不仅如此，这个题材和他们书院学生的生活也息息相关，他们接受的大多是英文教学，文史哲的学习也侧重欧美文化，平时接触的中国元素不如传统高中。其他书院同学高考之后会留在国内，所以更关注外面的世界有多精彩，但是他们知道自己注定是要离开的，所以回头看自己的家国历史，反而更容易激发内心深处丰富的情感。

正是因为经历了三个月的训练过程，李子峣将纪录片的获奖归功于剧组的成功："所有演员在过程中都非常努力，每个人在我的镜头里都是非常踊跃，有热情的，纪录片好是因为演员做得好，即便我脑子里有再清晰的《金陵十三钗》，如果演员不好素材不好，我就算是神笔马良也不能提升作品的品质。因为他们胜出，我也胜出了。"

事实上，他从中得到的收获远远不止一个一等奖，剧组成员之间那种开朗透明的合作意识给了他很大的借鉴和启示，让他对生活了三年的新民书院有了更全面的认识。舞台上最终呈现的其实是人与人之间真实的状态，那种毫无保留的相互信任和开放的态度让大家能配合默契表现完美。

这个江苏男孩性格内向，远离家人，三年住校的独立生活，很多事情喜欢放在心里。别的书院的纪录片都是一个团队来做，他却一个人完成。

当初对北大附中一无所知，只是抱着了解一下、重在参与的态度来尝试，没想到顺利考进附中的新民书院。高一那年冬天，妈妈送给他一台相机作为生日礼物，从那以后他开始拿着相机到处拍，只要有时间就去参加学校的各种活动，三年下来已经有了两万多张照片，如果有一天办摄影展的话，他想一定能贴满新民书院的整个活动室。

高三毕业即将去美国学习室内设计，之后还想转建筑专业的李子峣以未来的职业眼光评价自己的校园风格，认为它虽然没有多么漂亮，但每个空间都将实用性发挥到极致。学校给他的感受很像每间教室都有的七巧板桌子。单独也好，合在一起也好，都是一个整体。

这个学校比他想象得还要大胆和开放。在这里任何活动想参与就可以参与，想要独立完成也可以，找别人合作也不会遭到拒绝。不需要和谁成天泡在一起也不会感觉孤独，大家都活得独立，彼此之间也有自然顺畅的交流。

而他所属的新民书院很像活动室里五颜六色的沙发，零散地分布如同大海中的岛屿，坐在哪儿都自由随意，和老师聊天交流也是一个很好的方式，平等，自在，无拘无束。

在这样的高中生活三年，最大的感受就是痛快，拥有了很多以前根本不敢想的体验，每个人活得都挺开心。周末在学校或者出去玩，一个人也会找到自己想做的事情，不会有需要依赖的感觉，学校把他们锻炼成独立的个体又能迅速地融入集体。

回家的时候父母说他变得野了，他觉得那是因为自己更有主见了，"虽然并没有特别明确的意识，但是遇到事情有自己应对的方法了"。

有的时候他也会想象，如果当初没来北京上学，如果三年都在江苏老家，如果遇到那样一个李子峣，应该对他说点儿什么？

"多到外面世界走走吧，孩子。"他会淘气地这样想象。

毕业纪念：高三大家一起跳支舞

看了电影《金陵十三钗》，刘怡宁觉得自己终于能理解玉墨所代表的那些女人了：宁愿牺牲自己也要换回这个纯洁的世界——这也是电影最打动她的地方。

看到玉墨和她的姐妹们替女学生赴死，临别时把自己的东西交到女学生的手上，嘱咐着"替姐姐好好活着"，那一刻她哭了。

她觉得这个片子里最出彩的人物就是玉墨，虽然是风尘女子，但是国难当头民族危亡的时刻，以一个弱女子的力量勇敢承担起一群人的命运，让她在电影中绽放光彩。

看完电影她在朋友圈发了扮演玉墨的女演员倪妮的剧照，感叹："怎么能这么美！"

要在自己书院的学生舞剧中演出玉墨大义凛然超凡脱俗的美，还要演出玉墨身上那种自我救赎与拯救者的气势，对这个开朗活泼的十七岁女孩儿来说还是有点儿难度的。

在看电影之前她们都是从表面上理解角色，穿上华丽的旗袍，演的就是秦淮河女人，带着满身脂粉气。但是后来看了电影，仔细揣摩玉墨的神态，走路姿势，跟约翰说话的表情，体会出这个人物的出场应当是："优雅但不风骚。"

虽然从电影中得到了启发和借鉴，但是真的想要原版复制也是不现实的。还不仅是电影和舞蹈两种形式的区别，单是刘怡宁和倪妮这两个女主演的气质就相差很远，倪妮的玉墨是风情万种的小女人，这跟刘怡宁完全不是一个风格。

和黑暗元素的几位高三男生不一样，刘怡宁对舞台不陌生，她是北大附中街舞社社长，经常在校内外演出，进剧组一跳老师就感觉她气质不同，她被定为女一号。但是街舞的气息、节奏和《金陵十三钗》的要求不符，她得重新练，要一直收着劲儿提着气儿，街舞都是五到十分钟的片段，也没有这么丰富的感情变化，对她来说这些都是挑战。

既然不能塑造一模一样的玉墨，干脆就演出带有"我的气质"的玉墨，刘怡宁当时是这样决定的。

相比起来，她更舍得放弃美女的一面，塑造的是一个大方豪爽勇于担当的大姐形象。那一袭修身的旗袍其实是她的铠甲，舞台就是她们的战场，所有观众都被她们征服。

演出之前有人说《金陵十三钗》胜在题材讨巧，借助经典电影的影响力抢占先机，让观众先入为主。但是也有人说经典改编是双刃剑，经典摆在那儿不可超越，以高中生的视角去诠释这样厚重的历史题材本身就是一个很大的冒险。

演出之后有为数不少的观众对他们的表演赞叹不已，都说比电影演得好，看电影并没有感动，但是看舞剧看哭了，还有一些观众则表示因为看了舞蹈才回去看那部同名电影，却意外地发现专业水准大制作的原版电影的冲击力还不如十五分钟的学生习作。

刘怡宁认为他们的优势在于入戏，之所以能在剧场里营造那样感动人的氛围是因为演员先感动了自己。第一幕结尾第二幕开始处黑暗元素抓女学生的戏，玉墨们在侧幕条候场，所有人哭得停都停不住。他们当然知道专业演员在情绪控制上也有要求，专业素养不能允许你在台上先崩溃了。每一次演出之前他们也都提醒自己，再怎么感动也不能哭出来，但是到那一刻真的控制不住。经过那样撕心裂肺的痛之后，重新回到舞台上，披上女学生递过来的衣服心里会油然而生一种"妹妹们，姐姐们要走了，再看最后一眼吧"的悲壮和凄凉，由此又将全剧推上一个新的高潮。

一位学生观众在看了展演周最后一天的演出之后感动地写道：

"金陵十三钗，最后一场完美收官。

"秦淮河下，吴侬软语，纸醉金迷。十三位风尘女子，生生咽下绝望与脆弱，回首顾盼之间，动人心魄。那是一种令人心惊、更令人心痛的美丽。她们拯救的不仅仅是女学生，更是她们内心深处对于纯洁和光明的渴望；她们善良而勇敢，明明亦是笑靥如花的妙龄女子，却愿意为世界保留最后一点纯净而不惜将自己推入无尽的深渊。即使鲜有人会怜惜她们，但我永远会记得那群女子穿旗袍时荡漾的妩媚与摇曳，还有那惊鸿一瞥之下她们眉眼的忧伤。"

最终刘怡宁得了最受欢迎演员奖，可是她更愿意把"我的玉墨"的成功归于大家。

她说是黑暗元素烘托了气氛："他们的邪恶突出了我们的美。"

她说是老师特别有才华也特别负责任，编舞很赞，训练中不厌其烦地讲戏，为他们营造了一个特别逼真的战争氛围。

她说同学们相互激发碰撞出了很多很好的点子，才有了最终完美的舞台呈现。

当初她报舞蹈节的目的就是"想要在毕业前给自己留下最后的纪念——高三大家在一起跳支舞"。

三个月的经历最享受的不是得奖而是那个过程，大家在一起一遍遍磨合，努力做到最好，累了相互鼓励，训练到很晚大家一起约了出去吃饭。

她是那种团队意识特别强的人，"我可以不好，团队不能不好"。她喜欢所有人融合在一起的感觉，"你在这个社会上生存，肯定会碰上形形色色的人，如何把自己融入到一个团队中，尽可能结交好朋友，这也是需要学习的一种能力"。

作为一个外校初中考来的学生，她对北大附中和自己所属的新民书院都有极强的认同感。她认为新民书院的学生每一个都是在笔试通过之后又经过面试挑选出来的，所以都是相似的一类人："思维特别活跃，但有时候会懒惰。做事的时候靠谱还是真靠谱，能踏踏实实埋头去干，因为凡事都要学着自己料理，独立面对，和同龄人相比也相对成熟。"

比起书院盾上那个独角兽徽章，她觉得新民书院的同学更像是仙人掌："外表看上去很不好接近，都是刺儿，但是内里都是汁儿，很柔软。"

她很庆幸来到这里。听说一些学校的国际部在考完大学之后就放假了，他们还在继续高中的学业，说明学校的目标并不是单纯奔着国外的大学。

在她看来，独角兽更适合用来比喻她的校长，"虽然会引起一些争议，但依然我行我素。他就在那儿，有目标地带着整个学校，顺着这条路向前走"。

在这里她最大的收获就是参加了很多的活动，拓宽了视野，开拓了思维，结交了很多志同道合的小伙伴。

"我不相信在那种刻板的高中里学生能有什么创新能力。"回想自己三年的高中生活，她这样骄傲地总结。

实实在在地活着，追求触及灵魂的理想

第三届舞蹈节的颁奖典礼结束之后，校园里小范围流传着一个冷笑话：

"你知道北大附中灯光推得最好的是谁吗？"

"是北大附中管乐团团长。"

李天翔参加了三届舞蹈节，每一届都是灯光师，为新民书院拿了两届最佳灯光奖。

作为管乐团团长，每次演出之后他都会站在舞台最耀眼处代表全团演员向观众致意，但是当灯光师，他只能坐在剧场二楼的小黑屋里，当他的同学们在舞台上享受掌声和鲜花，他把灯光打给他们，自己则通过观众席最后一排墙上那个小小的窗口远远注视着热闹的剧场。谢幕的时候同学会念到他的名字，但是观众看不到他的脸。

即便如此，他也像热爱管乐团一样热爱灯光课。

高一下半学期，在他最迷茫最抑郁最不得志的时候，夸张一点儿说，是灯光课拯救了他。

小学时候在北大附小，享受了宽松自由的散养式教育模式，初中进了一个"学习学习再学习"的圈养式的传统学校，高中来到北大附中，很多地方都感到不能适应。初中时已经成为学霸，可上了高中再怎么努力学习都没有起色，这让他受到沉重打击，好像自己一无是处了，在学校里找不到位置，让他对自己丧失了信心。

那个时候，虽然他已经捡起了黑管，小学他是黑管特长生，初中为了学习全都荒废了，到了高中终于有机会又练起来，他练得很刻苦，可是也仍然鼓不起勇气去报学校的管乐团。就是在那样的人生低谷中，一个偶然的机会，他报了学校的灯光课。

灯亮了，他发现了一个全新的世界。

灯光课有个基础练习，就是把那种画素描用的女神的石膏像放到舞台正中央，然后往女神身上打各种各样的灯光，就会发生特别奇妙的令人感到不可思议的千变万化。尤其是往脸上打灯时，在表情并没有任何变化的情况下，从不同角度打过来的灯让女神的脸上呈现不同的情绪，整体效果看起来也不一样了。

如果用不同的灯光投射在自己身上会不会也有完全不一样的效果呢？现在的处境也许只是一种像灯光一样的外力作用，如果换一种灯光试一试呢？

上过那样的灯光课之后，李天翔的头脑中偶尔也会有这样的一闪念。

高一上半学期上过戏剧课，有过零零星星的舞台经验，但是他却从来没有意识到舞台上有过灯光的存在，更不要说感受到它的奇妙作用了。这个新发现让他有点儿跃跃欲试，产生了一种说不出来的期待，入校以来的茫然、困惑、不知所措等负面情绪也随之一扫而空了。

对大家来说灯光课都是零起点的新事物，一个有待开发的全新领域，投入其中尽情地探索发现，没有任何心理负担。

灯光课是学期课，课程还没结束舞蹈节就开始了，他报名参加了舞蹈节剧组，负责推灯光。

舞蹈节的灯光需要配合剧情和音乐，排练过程他也会参与，看演员做动作走位，看剧情发展演变，跟同学聊，找老师问：这个地方想表达什么感觉？那个地方需要什么效果？先把自己带入剧情，跟着感觉走，等老师把音乐的大框架做好，他就会根据音乐编灯光。这个时候会特别自信，从小吹黑管，培养了对音乐的敏感，很容易把握到音乐表达的情绪和节奏，这样一来，跟着音乐推灯光也比别人容易上手。

从第一届舞蹈节新民书院的《七宗罪》开始，到第二届《FROZEN》再到第三届的《金陵十三钗》，李天翔是全校唯一一个推了三年灯光的学生。随着经验的积累，他对舞台灯光这门功课感觉越来越得心应手，在反复实践中也对这门被人忽视的艺术有了更深的感悟。

上课的时候灯光老师说过，灯光是整个剧的灵魂，对于剧情发展起到至关重要的作用。观众看到的是剧情和演员，但是真正赋予舞台空间有血有肉的生命体的其实是灯光和音乐。如果把剧比作人，剧情和演员是骨骼，音乐是血液，灯光就是肉体、肌体。灯光可以调节情绪、创造空间，可以参与剧情设计，还可以为演员造型，勾勒轮廓，突出形体美。

刚上课的时候沉迷于技术操作，东摸摸西摸摸，新鲜感和好奇心驱使，照猫画虎也能学个八九不离十，对老师的话一知半解并没有完全听进去。好在他天生爱琢磨，肯用心，边操作边调整边思考慢慢也品出点儿意思来了。

所谓外行看热闹，内行看门道。上了灯光课以后他会主动找些百老汇的戏来看，首先关注灯光的效果，学习人家灯光运用。理论是一回事儿，实践又是一回事儿，从自己动手推灯光之后就再也不会认为灯光可有可无了，在他看来，整个舞台再充实如果打一个大白灯也会显得单调无趣，连剧情也变得平淡无奇了。

第二届舞蹈节新民书院的《FROZEN》改编自电影《冰雪奇缘》，剧组负责道具的同学为了制造冰雪效果，不知道从哪儿找来了雪白的绸布，长长地铺在书院活动室从东头到西头，铺得满满的，特壮观，这一下他的灵感来了，要让绸子亮起来，炫起来，如果只是单色效果不突出，就用两溜儿红一溜儿蓝，对比色感觉很亮，还能凸显矛盾效果。

原版的电影他是看过的，讲述了一个有魔法的王后艾莎意外将自己的王国被冰雪覆盖，妹妹安娜为了拯救姐姐和王国踏上了一段冒险旅程。要通过灯光变换体现姐妹两个主角之间的性格对比，直到结尾实现情感交融。后来《FROZEN》拿了大众奖二等奖，他自己拿了最佳灯光奖，舞蹈学院的指导老师说其实整部剧灯光帮了大忙，剧本本身对故事情节的叙述交代不够清晰明确，缺乏足够的表现力，灯光作为一个强有力的补充，如同肌肉带动身体，以充满想象力的灯光造型开辟了一个丰富的舞台艺术空间。

这件事儿对他触动挺大的，那是他们书院第一次在舞蹈节上得奖，大家对他的工作的认可让他明白了一个道理：原来灯光会说话，原来灯光也是一出戏。

相比起《FROZEN》剧情简单，气氛也相对轻松活泼，《金陵十三钗》要复杂得多。情节起伏大，舞台变化多，需要表达的东西也更丰富，对灯光的挑战也大得多。

他在黑匣子剧场看彩排的时候入戏非常快，演员表现力很强，表演极具感染力，这反而给他很大压力，担心灯光做出来 hold 不住场。

为了凸显战争的肃穆，舞蹈学院来的两位指导教师一直在做减法，几乎没用任何舞台布景，除了演员身上的服装之外，也没用任何道具。这就意味着造型和空间设置的任务全都落在了灯光身上，这样大篇幅留白的舞台给了他最大的施展空间，好像是从不可或缺的剧组成员晋升成为主角的感觉，这让他感到压力的同时也产生了强烈的创作冲动。但是黑匣子剧场虽然是专业小剧场，学校毕竟不是演出单位，灯光设备有限，要在有限的条件下凭空创造出一个具有厚重感的时代氛围和艺术时空，真的不是那么容易办到的啊。

幸好指导老师本身对灯光也有一定了解，给了很多有效的建议，和老师配合起来也挺有默契。按照老师的要求，李天翔决定先抓一个大纲，编出个雏形，突出主题，然后再随着排练的逐渐成熟慢慢调整细节，完善整体布局。

最先抓住的是死亡点，用铺满舞台的炫目的红光制造出死亡和危机的冲击力，扮演日军的黑暗元素上场时以幽蓝色强调地狱般的阴森和窒息感，带入充满压迫、绝望、哀伤和毁灭的历史时空；妓女与女学生深情相拥，短暂的告别段落以柔和的暖光呈现梦幻般温馨的同胞之爱，和女学生互换衣服的一刹那，面光毫不迟疑地打在妓女的脸上，凸显了她们的风华正茂、决绝赴死的凄凉悲壮。

三组角色在同一时间出场，所有人跟着音乐运动，灯光分开不同区域的情感表达，明暗对比、色彩的渐变突出重点，推动情绪和情节的起伏。

最后一场戏约翰谈起往事，妓女退到舞台最深处，从楼上落下一层纱幕将她们隔在生命的彼岸，音乐响起，灯光亮起，暖黄色的灯光打在薄如蝉翼的纱幕上，如同发黄的老照片，如同银幕上晃动的无声电影，呼应画外音"她们仿佛从天边走来"，传神地表达出"那些人，那些事，烙印在心头，成为我生命的一部分"。

十五分钟，五六十种灯光，不管是对光线的运用，节点的把握，还是整个剧场空间的变化，灯光师李天翔都努力做到极致。

即便是没有机会站到舞台中央也拥有了极大的满足感，最重要是做好自己，有自己的风格，自己的思想，完成了自己的作品。

最终《金陵十三钗》毫无悬念地拿到了最佳灯光奖，而此时天翔的收获也已经不仅仅局限于灯光本身了。

因为设计灯光要紧贴剧情，既不单调也不喧宾夺主，编灯光的时候还要注意音乐中的节点，也要用心去理解这个节点所引发的是怎样的情感，对音乐的理解更深入，对剧中不同角色的理解也深入，为舞蹈节推灯光让他习惯看整体和全局，因为做好灯光需要关注的是整个舞台。

他懂得了舞台演出是一门综合艺术，一个作品的完成包含着编剧、导演、舞台监督、演员、布景、灯光、音响、服装、道具等不同工种各尽其责的艺术表达，给观众带来的是视觉、听觉、精神、意识、情感、理念等不同方面的欣赏、思考和交流。他从中学到的是一种思维方式和价值观。

在参加了灯光课之后他逐渐找到了自信，让他有勇气去报了学校的管乐团，从最初的怯懦不敢和人打交道，到通过努力凭借实力迈过黑管三声部、二声部跻身一声部再到黑管的声部长，和其他演奏者更关注自己的任务完成不同，他同样关注整体配合，不同乐器间的配合，人与人的配合，主旋律和副旋律的配合。高三他做《金陵十三钗》的时候，已经是北大附中管乐团的团长了。

当团长以后为了更好地了解团史，他找了很多过去乐团前辈们所写的回忆文章，其中2012年3月管乐团出访美国之后出的团刊《回忆》里，当年的管乐团团长万子一在最后一篇文章《不要问我是谁》中的深情回忆引起了他很大的共鸣：

"乐团教会我很多，其中一条就是团结。我们每个人都是独生子女，现今社会上的孩子们几乎都是独生子女。我们孤独，我们自私。但在乐团里，我们没有空间孤独，没有空间自私。我们演奏的旋律也许是独奏，常常是伴奏，但我们所有人的声音整合起来，是一个整体。"

在他当了管乐团团长之后他也尽心尽力地为这个整体努力，因为要"对得起那些坚持下来的老团员，对得起到来的新团员们，对得起有着二十多年历史的管乐团，对得起重新振作起来的新管乐团"。"就像完成一首曲目一样，想要吹好只是念想，真正的努力都在一切细节中去完善。"乐团指导老师说，"管乐团真的成了你的家。"

三年时间，从灯光课到舞蹈节再到管乐团，李天翔逐渐融入北大附中这个集体中。通过舞蹈节，他也见证了他所在的新民书院融入北大附中的整个过程。

第一届舞蹈节他们没和大家一起邀请舞蹈学院的指导教师，结果他们排的高冷范儿舞剧谁都看不懂，只有五分钟时长，别人还以为是热场，他们已经结束了。到了第二届舞蹈节他们选了学生们喜闻乐见的电影《冰雪奇缘》改编成《FROZEN》，想要敞开自己得到大家的理解和认同，其他书院的同学对此心领神会，那届舞蹈节他们拿到了大众奖二等奖。

当时李天翔就激动地发了朋友圈："今年的舞蹈节我觉得大家非常努力，效果很赞……真是非常感谢大家的认可。我们一直在努力，作为北大附中的一员。"

变化体现在很多方面，包括管乐团新民书院的成员从只有他一个到占了全团的六分之一，这也让李天翔很得意。对他来说融入这个整体成为北大附中的一员很重要："因为自己做很多事情做不了，比如我们自己做不了管乐团。整个附中是我的舞台，我不要局限在自己的一个书院。"

在他看来附中的特点就在于它带给人的归属感非常强，体系有很强的吸引力和凝聚力，隔离在外头很不甘心："凭什么我们就不能跟大家在一起？"

如同在舞台上能体会到不同的生活，在北大附中也让他体验到不同的人生，在别的学校也许只能是学生的角色，在这所学校他还可以是艺术家。

"灯光让我觉得自己就是舞台的一部分，乐团是我生命中最重要的一部分。"

北大附中对于这个十八岁的青年来说，已经远远超越了传统意义上的学校本身，它不仅仅是提供知识的场所，目标也不仅是简简单单局限于考试。

在回顾过去的三年时他说自己做了"最正确的选择"，这个十八岁男生对于自己高中生活的总结也值得每个成年人深思：

"这一路走来曲曲折折，却无比充实璀璨。我知道很多人质疑附中的改革可能会影响考取好的大学。我想说高中如果只是考取好大学可能就有些遗憾了。一路走来，上小学为了上好中学，上中学为了上好大学，上大学为了找好工作，从事工作为了实现理想以及成家立业，而这一切的一切都是为了好好地活着。可是这日复一日、年复一年不就是在活着吗？那么，为什么不能从最开始，在一环又一环上，在时间的维度就好好活着，追求理想呢？北大附中三年，最大的不同在于，我可以骄傲地说：这三年，我是实实在在地活着，我追求着自己触及灵魂的理想，我存在过。"

社团课程化
和品牌建设

13

以学习和传承中国传统文化为宗旨，以汉乐、南音等非物质文化遗产的文化诠释为载体，通过建立小型的室内特色乐团，让更多的学生了解日趋小众的传统民乐的精华，在中学生群体中发展和普及新国乐艺术。

中学生的国乐社

郭苒上中学的时候，曾经在北京一个最老牌的金帆乐团做过琵琶声部的声部长，进入北大附中的艺术中心当老师以后，受到学校活跃而又浓厚的艺术氛围的感染，她想要结合自己的专业做一个国乐社团。

面临的挑战是显而易见的。中学生们对欧美流行音乐的追捧和对传统国乐的淡漠形成鲜明对比，但是在郭苒看来这并不是孩子们天然的审美倾向，而是由于社会的价值导向造成。作为音乐教师，她觉得自己有责任搭建一个平台让学生真正了解传统国乐的内涵，感受国乐之美。

那时候学校里还没有多少学生认识她，她也不了解有哪些学生会传统乐器，学校的社团招新，别的社团都是学生张罗，她就自己一个人扛着海报，找了一张桌子，在校园里发资料。就这么着，招上来七个人，成立了国乐社。当年九月，他们就开张了。首场音乐会虽然只有四五个曲目，但是她也一点儿都不含糊，准备了宣传手册，选择了中午在学校最显眼的地方演出，很多学生都可以看到。一下子，大家就都知道了学校有一个——银杏国乐社。

北大附中的学生社团很多，学生的活动也很多，为了扩大影响力，提高知名度，任何活动找到他们，郭莘都会带着她的国乐社去参加。曾经有一次，一个学生社团在校园里组织庙会活动请他们去帮忙，大冬天，露天演出，他们也毫无怨言。正因为如此，她和第一批的团员感情特别好。孩子们什么事儿都会主动地替社团着想，训练的时候她也很少要求他们，那种共同创业的平等关系亦师亦友，给银杏国乐社打下了一个良好的文化基础。

随着活动的增加，到了第二学期，人逐渐多起来，加入了扬琴和笛子，乐器也丰富了，达到一定规模，郭莘又开始筹备一周年的音乐会。她给音乐会取了一个非常雅致的名字：国乐·听雪。从选曲子排练、策划宣传到设计材料、邀请函、演出票，事无巨细，都是她领着学生自己做的，没有找任何社团来帮忙。

演出那天在黑匣子剧场，剧场很小，面对的也都是校内的学生，但郭莘也穿上正式演出的隆重的礼服，亲自主持。像过去北京音乐厅的音乐讲堂一样，每一个节目之前她不仅报幕还会对曲目和乐器做一个简单的介绍和描述，让观众在欣赏音乐的同时不知不觉中增加对传统音乐的认识和了解。

二胡齐奏的《赛马》之前她会这样描述："说到二胡，我立刻会想到曾经的那句'中军置酒饮归客，胡琴琵琶与羌笛'，可见二胡在唐朝就已经盛行了，二胡这件乐器是难度非常大的乐器，它没有固定的音高位置，全凭学习者用耳朵来校准音高，也因此在排练的时候，二胡声部的孩子们全都是在小琴房对着钢琴一个音一个音来校准的……"

中阮独奏《丝路驼铃》之前，郭莘会为大家介绍："李安导演的电影《卧虎藏龙》中有这样一个场景，章子怡扮演的玉娇龙为了夺回自己的一把梳子与土匪半边云扭打在一起时，背景音乐是一种带有深沉而不失活泼的非常有个性的乐器，它就是中阮。中阮在乐队中虽然是一种伴奏乐器，但是它浑厚的低音一直得到了音乐人的青睐，创作出了许许多多中阮的独奏作品。"

不同于传统音乐会一个一个曲目轮番演奏的单调形式，在前期十分钟的热场之后，他们别出心裁，设计了一场别开生面的器乐剧《且行且珍惜》，以民乐为线索，展开一场传统与现代的对话。全剧以轻松活泼幽默诙谐的表现形式，通过扬琴、古筝、箫、琵琶、板鼓与钢琴、巴乌和大提琴等中西乐器的演奏，将《春江花月夜》《茉莉花》《送别》等传统曲目呈现给观众的同时，也通过音乐营造了不同的时空氛围。

这台形式新颖内涵丰富的国乐演奏会，既是一场成功的音乐会，也是一部集舞蹈、戏剧、灯光、音乐于一身的舞台剧，更是一堂音乐鉴赏课，不仅让学生初步领略了传统民乐的魅力，更难得的是，让学生得到一种全方位立体多元的审美享受。

"国乐·听雪"的成功演出，给了这个年轻的社团极大的信心，学生们在一个相对正规化的演出当中获得了自我价值的认可，也使得指导教师郭苒坚定了走下去的决心，明确了国乐社前行的方向。

社团课程化

随着北大附中课程建设的逐步深入，社团活动也被纳入学校的课程体系。针对没有特长生、学生的音乐基础相对薄弱、舞台经验不足等问题，郭苒在银杏国乐社课程化之后做了一系列调整和面向未来的长远规划。

首先是制订了一个非常清晰明确的课程规划，以艺术课程的国家课标为基础结合自身特色发展个性化价值。国家课标强调的是运用艺术手段表现生活；通过艺术学习提高审美情趣；热爱和弘扬艺术文化，激发和提升艺术创造力；银杏国乐社的个性化目标还包含了学习和传承中国优秀传统文化，体验和编创与时俱进的新国乐艺术，锻炼和积累一定的舞台演出、比赛以及社团综合管理经验。

课程化还可以给予社团一个很重要的制度保障。郭莘充分抓住课程化的机会将社团的各种资源进行系统化整合，将原来一窝蜂和大锅烩的情况改为分层管理，同时建立起一套与社团发展目标相结合的评价体系。

由于国乐社内部成员的水平参差不齐，排练时会出现有人跟不上、有人吃不饱的情况，演出时如果是单纯追求舞台效果，就会牺牲掉一部分学生的演出机会。为了给每个学生提供展示的机会和提升自我的空间，郭莘决定专场演出以学生体验为主，而之前的排练和演出曲目的设定都采取了分层的方式，保证每个孩子都有机会站在舞台上，通过演出得到自我价值实现的满足感。

这种有的放矢、因材施教的方式也体现在评价模式的调整上。根据不同活动主题，学生担当的任务角色不同，她设计了不同标准但又平行的评价指标，尝试自评、互评和教师评价等多种评价模式，逐步构建评价先行的教学设计思路，实际上就是一种唤醒目标意识的教学设计之路。

社团课程化之前，排练、音乐会、观摩三种相对固化和传统的模式开始逐渐让学生产生懈怠情绪了。意识到这个问题，课程化之后，郭莘采取了以任务驱动为导向的课程模式，设计了比赛类主题、演出类主题、参观类主题、学习类主题等不同主题的教学任务。课程内容丰富了，对学生的要求提高了，但学生的积极性反而上来了，很多学生开始主动为社团的长远发展进行规划和考虑。

通过多年的艺术实践和教育教学活动，郭莘越来越深刻地意识到，音乐作为听觉的艺术，听觉体验是学习的基础，应贯穿于教学的全部活动中。学生被动听的旋律吸引，被作品中蕴藏的情感所打动，从中获得审美体验。为了让学生可以将更多的精力投入到对音乐的感受当中，郭莘一方面不断充实网络教学平台的教学资源，在课程中遴选对学生有用的音乐基础知识进行普及，积极筹备为国乐社成员开放教师自制的乐理课程，培养学生的自主学习能力，另一方面还通过各种渠道创造不同形式的演出机会，让学生在演出中获得丰富的体验和成长。

2015年暑假期间，银杏国乐社和北大附中其他几个艺术社团一同出访欧洲进行交流演出，他们在斯图加特的音乐厅与世界艺术家同台献艺，在黑明根市获得市长接见并与当地艺术家联合为洪都拉斯儿童筹建学校举行慈善公益演出。

一次演出快要结束时，郭茑安排孩子们坐在观众退场要路过的大厅两侧，等观众离场时开始演奏《茉莉花》。当人们走出音乐厅发现通道两旁的中国学生用独具特色的中国乐器演奏着熟悉的曲目，大家都很兴奋，围着学生们交流，在音乐中学生演员与观众拉近了距离，也真切地体会到身为国乐社的成员在传播中国文化时可以发挥的作用。

演出之余，他们参观了巴黎音乐学院、博物馆、卢浮宫、歌剧院，学生通过眼睛看，耳朵听，亲身感受和理解艺术的魅力。虽然他们看到的是欧式建筑，听到的是西洋音乐，但是打开了他们的视野，丰富了他们的阅历，对于音乐增加了更深一层的认识。

在音乐博物馆的世界各地乐器展中，孩子们惊喜地发现了古筝、琵琶、二胡这些熟悉的乐器，好像一下找到了归属感，同时也对他们一直热爱的国乐的历史和渊源产生了更深厚的兴趣。

音乐学院每天都会有专业演奏家演奏，学生在演出间歇主动去和艺术家用英语交流，充满自豪地介绍他们的国乐社，他们来演出的情况以及中国的各种乐器和当地乐器的比较。郭茑在一旁看着孩子们自信的表现，对于国乐社的未来充满了期待。

传承国乐和品牌建设

郭莙毕业于北京师范大学，本科读的是艺术系，研究生学的是工商管理，这两个看起来毫不相关的专业，在她带国乐社期间却得到了巧妙的结合。

和所有北大附中的艺术社团一样，来自专业院校的指导教师必须面对没有特长生的现实，成立社团的目标不是去各处比赛展示，而是实施真正意义上的艺术教育。这种创新思路给艺术特长生出身的郭莙带来了强烈冲击，正是进入北大附中之后她开始理解了艺术教育的核心价值：中学阶段的艺术教育不应当局限于精英教育，教育的根本目的是要最大范围地提高学生的文化修养，增长人生阅历。

这就意味着专业教师必须抛弃既有的传统教学模式，全凭自己的探索实践，开创一条全新的道路。对郭莙来说，这既是一个挑战，更是一个机遇。

在读工商管理硕士期间，郭莙的研究方向是品牌传播，在她看来，社团建设的首要任务就是定位，如何给北大附中国乐社一个清晰明确的定位是她花了最多心思考虑的。

虽然经过一段时间的发展，国乐社已经从当初的散兵游勇发展到声部和人员相对齐整的状态，但那也只能算是初具规模，完全不可能和其他中学里那些主要来源依靠特长生的民乐社相提并论。郭莙很清楚地知道，那些民乐社的发展方向大致都是成为大型乐团，他们只有扬长避短，另辟蹊径，走一条完全不同的特色道路。

从小在乐团长大性格开朗的郭莙几乎没有离开过民乐圈儿，在进入北大附中之后她也始终保持了对艺术实践前沿动态的密切关注。近年来在一些高校开展的汉文化艺术节给了她很大启发，活动中包含茶道、花道、古琴等多个工作坊让她联想到银杏国乐社的未来建设，最直接的一个示范则来自她的导师在北京师范大学指导的一个大学生的业余民乐团——和雅乐坊。

由于导师的原因，她亲身见证了和雅乐坊十年的发展历程，了解他们的来龙去脉、运作模式和成功经验，对于北大附中国乐社都有很好的借鉴意义。依托于高校民乐界的资源和北大附中学生的学术积淀，她从深层次对银杏国乐社的社团发展进行了规划：既要与其他中学的特长生乐团有所区别，又要让学生真正接触到原汁原味的传统民族民间音乐。

在她看来，一些追赶流行趋势迎合大众口味的所谓流行民乐在某种程度上以普及的名义伤害甚至扭曲了民乐发展，因此，她的社团要以学习和传承中国传统文化为宗旨，以汉乐、南音等非物质文化遗产的文化诠释为载体，通过建立小型的室内特色乐团，让更多的学生了解日趋小众的传统民乐的精华，在中学生群体中发展和普及新国乐艺术。

借鉴大学社团的成功经验，结合学校自身优势，打造一支有品牌效应的中学生国乐社团，成为北大附中艺术中心教师郭苒的理想。

品牌效应首先来自内部的文化建设。和一般意义上的乐团以演出排练等形式开展活动不同的是，郭苒还特别为国乐社申请了一个关于非物质文化遗产——泉州南音在中学的传承与实践的研究课题，以课题调研为线索深入挖掘传统文化内涵，带领学生通过调研整理可行性报告，邀请专家针对中国民族民间乐种的起源和乐器的演奏等内容进行培训，外出采风了解丰富的音乐类非物质文化遗产，从中感受流传千年的国乐魅力。

品牌的传播和提升不仅来自丰富的实践活动，更重要的是通过围绕专题展开的培训和调研，让参加社团的学生能够在深入了解传统文化的同时也充分认识到自己所应当承担的社会责任。继承和发扬优秀的民族传统文化，既是北大附中银杏国乐社的发展特色，也是他们肩负的使命。

从学生时代金帆乐团的声部长，到今天业余乐团的指导教师，对郭苒来说不仅是一个台前幕后位置上的变化，也不仅是专业和业余的区别，在银杏国乐社她倾注的心血和投入的感情是之前学生时代无法比拟的，最多的精力用于团队建设。因为她知道，真正美妙的旋律都是从心里流淌出来的，真正的艺术教育是走心的。

既然当初国乐社的学生并不是以特长生进来的，也就没必要给他们一个高强度的专业训练。从前学生时代那种每天都是大排练、小排练、分声部排练、暑期排练、寒假排练各种集训各种艺术节比赛，周而复始的生活让她感到厌倦，刻板固化的传统音乐课，老师讲学生学，不是以学生为中心，无论是课堂上还是乐团内部，人与人之间的关系都相对淡漠。

作为一个年轻妈妈，她希望她的银杏国乐社能够带给社团成员家一样的温暖。每当有学生从初二、高二升到初三和预科部，他们都会举行欢送会，每次音乐会之后他们也会举办庆功会，一起聚餐也是必不可少的。这些排练之外的活动让老师和学生，学生和学生，人与人之间，心跟心紧紧地贴在一起。在她看来，这是社团成功的重要因素，所谓功夫在诗外，一盘散沙的团队碰撞不出火花，看上去是额外的东西，其实才是社团的一部分，所有成员步调一致，共同进退。

就像银杏国乐社的一位初中学生所说的："在国乐社，我收获了无言的尊重，在《林冲夜奔》这个小组中，只有我一名初中成员，较大的年龄差异让我们有一种说不出的隔膜，但三位学姐让我感受到无以言说的尊重。我们四个排练时，她们会把我当作同龄人，和我讨论曲子的轻重缓急；调琴时，我调得最慢，她们会捂着琴弦练，以免发出噪音干扰我；搬琴时，她们会处处让着我……这一切都让我觉得无比温暖，记得表演结束谢幕时有一句话：一拨，一扫，一挑，一弹，琴弦的共振奏响这古典之歌……我特别想加一句的是：奏响这美妙乐音的恐怕不只是琴弦，更是彼此心灵的共振。"

如今银杏国乐社的第一届社团成员已经毕业离开北大附中，奔赴国内外不同的高校，虽然远隔千山万水，但是对于国乐共同的爱好和责任感仍然将他们紧密地联系在一起。无论身处何地，积极推广和传播国乐与传统文化已经成为这些年轻人生活的一部分。这让郭苒感到十分欣慰，这是她创办国乐社的初衷，也是她和她的学生们至今仍在为之奋斗的动力所在。

柔道的修行：
即使倒下，
也要像樱花一样从容

14

以有效地使用身体和精神的力量为目标，
透过攻守的精神和身体的训练以明白生命
的意义，令自己成为一个人——一个对社
会有贡献的人。

1981 年，上海电视台引进了日本电视连续剧《姿三四郎》，紧接着中央台也在黄金时段播出，立刻风靡全国。姿三四郎、早乙美和高子小姐成了那个年代家喻户晓的人物。大街小巷回荡着电视剧的主题曲："一旦踏出去，怎能退缩，男人心里决定了走的路，决定后就前进，前进，直到看到破晓的光明为止，三四郎，这就是生命啊！"

有意思的是，人们当时并没有特别注意到主人公姿三四郎所从事的柔道这项运动，大多数观众将他在电视上和对手较量时展示的功夫混同于武打，以至于电视剧的热播并没有带动这项运动在中国的广泛开展。

山东出生的曾庆东是从当柔道教练的小姨那里听说了姿三四郎，电视剧热播的时候他还没出生呢。受小姨影响，这个八○后山东小伙儿从小就迷上了柔道，一直到看了电视剧，他更是为其中传递出来的柔道精神所鼓舞，立誓要成为一名优秀的柔道运动员。

2002 年，年仅十八岁的曾庆东在全国男子青年柔道锦标赛中崭露头角，拿下了 73 公斤级的冠军。2004 年，被选入中国国家男子柔道队。

之后他多次在国内和国际柔道比赛中取得优异成绩，2007 年，北京世界柔道团体锦标赛中，曾庆东全胜对手并贡献了 73 公斤级比赛胜利的宝贵一分，最终中国队夺得第三名，实现了历史性的突破。

国家队的专业训练和国内外大赛积累的经验让曾庆东的个人技术得到迅速提升，很快他就成为国家队的主力，但他一直遗憾没能为中国男子柔道献上一块奥运会金牌。虽然如今已经过了最佳运动年龄，他仍然坚持奋战在一线，同时也积极投身于柔道在民间的推广和普及工作，希望能让更多没有机会进入专业领域的人了解柔道这项运动，也希望这项运动让更多的人受益。

作为全国柔道冠军、国际级运动健将，曾庆东不仅受聘担任了北京市公安局便衣支队抓捕技能培训的外聘教练，北京市柔道协会的技术顾问，北京体育大学柔道实习基地之一、山东省滨州市体育运动学校的柔道技术顾问，也为特警学院上过课，在中央电视台和北京电视台多个栏目进行柔道技术讲解，为了进一步扩大自己心爱的运动项目的影响力，曾庆东创办了"北京奥东武道俱乐部"，并担任柔道部总教练。

曾庆东特别认同主持人崔永元担任 2012 年世界柔道大奖赛的推广大使时强调的："柔道除了是体育项目，参与这项运动还是对心灵的净化。"在他看来，柔道不仅是一项老少皆宜的健身项目，实用性很强的徒手防身自卫技术，也是一个有着丰富思想内涵的体育活动，尤其是对于青少年的成长有着特别的帮助。就像柔道的创始人嘉纳治五郎所说："柔道是以有效地使用身体和精神的力量为目标，透过攻守的精神和身体的训练以明白生命的意义，令自己成为一个人——一个对社会有贡献的人。"

为此，曾庆东找到了北大附中，希望将多年的训练心得和中学生分享，让孩子们能从小就了解和体会柔道"柔可克刚，刚柔并济"的本质，并能真正从柔道中获得健康和快乐。

他说，柔道作为奥运会的正式比赛项目，在当今世界上已经相当普及了，国外很多中学都开设有柔道课。柔道强调实战，很多动作看着不较劲一摆手力量就上来了，一个人站在这儿有一百种方法把他摔倒，大部分时候是借力发力，非常有助于健身防身，对于学生来说，首先可以培养他们生活当中的自我保护意识以及身体素质训练，同时，由于柔道本身是通过各种特有的攻防技巧练习，协调自己的体力和心智以最合理有效的方法制伏体大力强者，在柔道的攻防博弈中会修炼出过人的心智和决断力。

得到了学校的支持，曾庆东在北大附中开设了柔道课，同时也组建了学生的柔道俱乐部。由于大型综合体育馆正在兴建中，学校的场地十分有限，只能把原来体操队训练的活动板房调配给他们。虽然没有正式道馆的条件，环境也没法和他在奥体中心宽敞明亮的俱乐部相比，但是曾庆东依然兴致勃勃。据他了解，像这样能够在中学里开设柔道课，系统地讲授柔道知识，带领学生在课堂上进行柔道训练，在北京也是屈指可数的。

从道馆的设计到道服的配备，从教练的构成到课程设计，曾庆东全都一丝不苟地按照专业队的规格来。

一周十六节课，学习一个学期之后考试达到九十分以上就可以拿到国际认可的黄带，他尽可能地为学生营造一种专业的柔道氛围，在强身健体的同时将柔道的精神传达给他们。

在这个过程中，北大附中对于体育的重视让曾庆东很有感触，在和老师们的交流中他也得到不少启示。在这里，没有人把体育当成副课，学生们对于体育的热情和认同度丝毫不亚于语数外那些高考主课。

学校相信体育教育与人格教育息息相关。如同曾任北大校长的著名教育家蔡元培提出的"普通教育养成国民健全之人格，教育者是养成人格之事业"，体育被列为"健全人格"养成教育中的首位。

与传统体育课项目单一缺少变化不同，学校想方设法地为学生开设丰富多样的课程，不仅是柔道，在跆拳道、羽毛球、体操等不少专业领域也都引进了国家队的优秀队员。学校的课程委员会对体育课和体育的俱乐部提出了多打比赛，多去观摩，在训练和比赛中培养和锻炼学生的要求。

要求每个俱乐部都有自己的核心目标，俱乐部教练要从整体思考：培养什么样的团队，培养什么样的人才，俱乐部的每个核心人员要有怎样的素质和能力，俱乐部的核心技术、战术是什么，俱乐部要传承的文化是什么，擅长的技术、突出的战术、崇尚的文化、专项的体能、平衡的人格、卓越的成就、合理的梯队建设等更深层的问题。

北大附中的体育老师于万达说："学生参加俱乐部之初，不管主观上有没有意识和体会到体育对他个人成长的真正意义和价值，都要通过俱乐部的训练、比赛和管理等活动，使他们在不知不觉中接受体育教育，增强学生的参与意识、参与能力，培养良好的习惯；培养学生在生活中养成善于分析、发现、总结，有针对性地学习、工作和交流等方式方法。要让学生明白，做事情要知己知彼，才能百战不殆；做事情要学会坚持、合作、分享，才能有更大的成就；做事情要懂得尊重、懂得礼仪，要有条有理、有规有矩，才能顺畅；做事情要勇敢、果断、创新、顽强，才会有更大的突破。"

曾庆东特别认同学校的教育理念，和面向社会的俱乐部不同，曾庆东针对北大附中的学生特点制订了柔道课程和俱乐部的训练计划。他为俱乐部取名为"尚征道场"，从零基础循序渐进地培养学生，不仅是技术、战术的训练，更重要的是了解柔道的历史发展进程和文化组成，通过每一次课程让学生形成互帮互助的集体氛围。经受大强度训练时，通过相互鼓励增强集体荣誉感，树立归属感，真正让每一个学生融入团队中。

同时，他还利用自身优势，邀请国家队运动员到北大附中陪同学们实战和授课，提升俱乐部内部的整体水平；带学生走出校园到国家柔道队上观摩课，深入国家队内部学习高水平运动员训练模式；和奥东武道国际俱乐部的队员们进行合练和集训，参加柔道考级，由柔道协会统一发放证书和道带。

柔道是一项将对手摔倒并将其制伏的武道项目，但同时也是一门讲究礼节，注重全身心培养的运动，是融合了竞技与防身的多种特点，主张运用自己全部气力、体力、智力以最合理最有效的方法制伏对手的健身武艺。

在训练中曾庆东最注重强调的就是柔道的文化和精神。特别是柔道中礼的精神，体现在日常训练中的礼节礼法，在柔道场内有站礼和跪礼、上垫礼和下垫礼，训练开始、结束时有对老师感谢的礼，搭档之间相互致意行礼，比赛开始、结束时对手之间也要相互行礼等等。无论何时何地都要遵循礼的表达，对柔道礼的要求就像训练一个技术动作，需要千万次投入形成习惯一样的目的。

在他看来，如果柔道选手失去礼节、感恩精神和保护对手的原则，变成暴力对抗暴力的冲突，形成一种纯粹的战斗，柔道文化和教育的意义就完全丧失了。柔道中纪律和礼节缺一不可，用纪律约束礼节的形成，让礼节成为一种习惯。

通过柔道课和俱乐部课程，曾庆东希望提升学生的自我保护意识和搭档之间的协作意识；增强身体素质，获得半专业水平的竞赛能力，在攻防技艺的磨炼中加强身心修养；掌握柔道的精神实质，提高自身修养，为社会做出有益的贡献。

面对零基础的中学生，专业运动员更注重的是言传身教，曾庆东经常在训练过程中和学生分享自己的比赛经验和心得体会，最常给他们举的例子是他被国家队派往日本交流学习时的一些经历。有一次实战课上，曾庆东遇见了日本男子柔道 73 公斤级别的全国冠军，交手过程中，他摔了对手一个"一本"，但是对手不服气。"实战是五分钟一局，那局他没得分，不服气就表示下局接着来，我们连续拼了四局他都没捞回一分，当时我累得两只胳膊都快抽筋了，他累，其实我比他还累，可是我不能在他面前表现出来，我还是和他较量，直到最后他主动投降跑到厕所去吐了才罢休。"

"在73公斤级这个级别里，运动员的水平旗鼓相当，最强的对手就是自己，要不停地战胜自己，超越自己，无论如何志气绝对不能输！"

就是在这样的日常训练和比赛中，曾庆东将自己对于柔道的理解，特别是从柔道中学到的人生态度传递给他的学生们，学生们也用心感受着其中的精神内涵。

修　行
杜一同

我学习柔道，最开始纯粹因为好奇。本来选的是别的体育课，但是看到柔道这个在别的学校的课程列表里几乎不可能出现的名字，而且有全国冠军担任教师，我最后把自己的体育课改成了柔道。能够如此便捷地接触柔道，了解柔道，我怎么会放弃这个机会？当然也想挑战一下自己，因为从来没有尝试过这种肢体对抗的运动，希望可以从柔道中找到一个新的自我。

第一次上课之前一直怀着忐忑的心情，对这项陌生的运动有很多疑问和担心，但是当我见到老师之后，学习柔道就成了值得享受的事情。曾老师、孟老师，还有后来加入的蔡老师，都是极和蔼可亲的人，从来没有对我们声色俱厉，却在一言一行中时刻教导着我们，告诉我们柔道的精髓。我想，能够拥有如此令人尊敬的人格，与练习柔道是分不开的。我觉得老师们已经不是练习柔道，而早已与柔道融为一体，将柔道的文化融入血液里了。

我印象最深刻的，就是孟老师曾经说，柔道是修行。它不是随随便便的运动，这是它与众不同的地方。每次开始三个小时的练习之前，我们都会先静坐冥想，耳边就会响起孟老师的话："忍受脚腕的疼痛。眼观鼻，鼻观心，排除一切杂念……"

开始只是想了解柔道，而后来，学习技法规则似乎都已经不再是最重要的事情了，我从柔道中学习到了更多的东西，有一部分，就是柔道的文化。"精力善用，自他共荣"，这是柔道的精髓。强调学习柔道的最终目的不是将对手置于死地，而是与你的对手共同进步。这在竞技项目中实属罕见！事实上，通过学习，我已经不再把柔道当作一种竞技比赛了，它的的确确是一种修行。我们在练习投技、擒技的过程中，时刻注意保护自己的对手，使对手不致受伤。这不意味着在肢体接触的时候要示弱，而是要求把握分寸，让双方都获得成长。这不是一种修行吗？

柔道要求我们以礼始，以礼终，不仅要尊重师长，也要尊重对手；柔道还要求我们学会克服困难，学会坚持，三个小时的修行，需要时刻保持精神饱满、全神贯注；柔道还要求我们学会认输，输了甘愿受罚，找自己身上的不足，而不是去狡辩和逃避……这都是修行的过程。

柔道，是克制欲望的修行，是尊重对手的修行，是共同进步的修行，是学会坚持的修行。我很高兴当初选择了柔道课，在修行中，我获得了人格的提升。

我相信，如果以后有机会，我会继续在这条路上走下去，继续我的修行。不为了考取更鲜艳的道带，而是那道场的氛围吸引我，让我愿意去继续感受柔道的魅力。

品柔悟道 德业双修

陈舒帆

当初选柔道的时候，我抱着两个想法：哇，有重竞技体育项目，能摔人了；没准能偷个懒儿少跑一点儿呢？后来的课证明我两个想法都错了，摔人，或者背负投，只是柔道的一个动作，况且这个动作我到现在还没有做好。跑步的确变少了，但是运动量却一点也没下来，一直到现在，每一次课后，我身上都会疼两天左右。

真正喜欢上柔道，是大概从第三周开始，我们渐渐有了自己的道服、道场和名牌的时候。我第一次从体育课中感受到了严肃感，或者是一种仪式感。上课前向老师行礼，冥想，见习的时候是否应该坐下，队伍的形，见习结束之后行礼，在校园里见到老师如何行礼……所有这些都让我感觉自己真正是作为一个学生，一个接受修行的人在学习非常严肃的东西。所以练柔道虽然累，但是却很开心。就算知道第二天早上有可能起不来床得骨碌下来，我也愿意周二下午拼尽全力去练习，拼尽全力去熟悉动作。

道场的陈设也带给我们一种很专业的感受：墙上挂着我们的国旗，郑重庄严；牌匾上刻着我们"尚征道场"的名称；还有阐释柔道精神的一句话："精力善用，自他共荣。品柔悟道，德业双修"，带给我们启示。

最让我感动的是老师的专业精神。我学东西一直学得很慢，所有动作变形总是很厉害。每一次不管是孟教练、蔡教练还是曾教练，纠正我动作的时候都一丝不苟。而且，老师们的礼节也一板一眼。记得有一次我在门口穿鞋，看见曾教练换好衣服，正在往外走。只见他走到门口，向着道场里面轻轻鞠了一躬，才出了门……这个画面深深地留在我的记忆中。

柔道课和语文课

王馨池

这个学段语文课上的是《庄子》，个人感觉庄子哲学中有一些和柔道有共通之处。庄子讲到庖丁解牛的故事，讲的是庖丁宰牛的时候顺着牛的筋骨脉络用刀，用了十几年的刀都是簇新的。顺着本身的样子去做，我把它理解为"柔"，而"道"在《庄子》中，本身也是一个很难理解的概念，但是庖丁做到了"悟道"，所谓与天合一顺其自然。在柔道的格斗中同样需要运用"柔"这样顺其自然，否则在速度和力量都远远不如对手时就没有希望了。在寝技时作为逃脱的那个人，就需要借力使力，也就是用对手的力把他摔倒，而不是靠自己的蛮力达到目的。所以在竞技过程中，察觉对手的重心是一件特别重要的事情。

对我自己来说，从最开始接触到这个完全陌生的领域，到遇到困难，到现在柔道课成为放松身心的一门课程，还是很有感触的。柔道最初的几节课其实挺难的，同时还需要适应北大附中这所学校的氛围，改变原来的思维和生活方式。而柔道一开始学滚翻对我也是一个挑战，老是翻不过去或者歪着过去了，柔韧性也不是特别好，做动作和最后的抻拉都很痛苦。但在柔道课的学习过程中，我的对手还有老师们都给予了我很多的帮助，赵思涵和我发现一个问题的时候会共同商讨研究或者请教老师，老师在看到我们的问题时都会给予耐心的帮助。在反复练习和解决问题中，逐渐进步着，也许是运动可以促进新陈代谢从而感到放松和愉悦，也许是在自己不断进步中能带来一种成就感，每次上完柔道课心情都很好，课前忧郁和烦躁的情绪都消失了，所以上柔道课也算是某种程度的享受吧。

即使倒下，也要像樱花一样从容

刘逸群

与其他体育课不同，柔道最初带给我们更多的是煎熬。时值春夏之交，空荡荡的活动板房中，一下子涌入十几号大小伙子，不一会儿就成了闷热且汗味浓郁的炼狱。即使大空调嗡嗡地吹着，也无济于事。更大的挑战来自对技术动作和力量的要求。刚开始接触柔道，总是不摸门儿，我们唯一能做的，就是咬牙坚持。三个小时的训练，往往可以带来三天的腰酸脖子痛。

但即便如此，我也未曾动摇过，因为煎熬背后是更大的收获。第一点是我从教练身上看到的人格魅力。曾老师、蔡老师都是中国国手，孟老师也是经历过多年修行考验的高手。但他们在训练中却平易近人，并没有因为荣誉而头顶光环，高不可攀，反而能与我们一起说笑。

第二点，则是我因此收获了正视恐惧的勇气。在柔道庞杂的技术分类中，我最享受的，是受身的时刻。就如孟老师所转述的："即便倒下，也要像樱花一样从容。"如果战胜不了恐惧，而等待身体本能的反应，那么将受到更严重的伤害。每一次击打垫子，每一次气合，让我领悟到了这一点，并且逐渐战胜了自己的恐惧。这种思想，在生活中的很多方面都可以借鉴运用。

第三点是柔道训练中时刻强调的"自他共荣"。保护对手，作为格斗术，乍一听真是让人匪夷所思。但在修行中，我们逐渐了解柔道是共同进步的过程。同时减少伤害，本来就是柔道这些格斗术存在的原因。如果一味想炫耀勇武，便背离了柔道的宗旨；反之，保护对手，是真正的大度与豁达。当然，自他共荣，因人而异，在不能含糊的时刻，我们会发挥出柔道最大的威力。

第四点，是柔道中强调的"形"。个人有"形"，团队有"形"。个人的"形"可以和儒家"慎独"的概念挂上钩，即在无人监督的时刻，依然能坚持原则。团队的"形"建立在个人的"形"之上。这样的团队一定有效率，有能力。如果用"形"来约束我们行为的点点滴滴，汇聚起来，将是很大的进步。

第五点，是柔道的智慧。柔与圆，是老师们上课经常强调的技术要领。没有刚硬的出拳与格斗，却可四两拨千斤，缚敌于身下，不得不说柔道本身就是一个奇迹。柔与圆的做事方法，是目前的我所理解的柔道智慧。最直接的方法，也许是最愚蠢的行为。柔与圆的过程，是化解力，缓冲功的过程。化解和疏导，才是智慧。

在学习柔道的过程中我也会思考，为什么诸多格斗术源于中国，但是中国本土的格斗术却日渐衰微，中国功夫也似乎成为一个符号，反观日本的柔道、剑道、空手道和韩国的跆拳道，或者成为奥运项目，或者世界流行？在我看来，在这样的对比中是应当懂得一个居安思危的道理。

十周的修行即将告一段落。我相信这不是结束，而是我进入柔道世界的开始。带着这些收获，我会不断奋斗，不断进步。

那些年
我们一起做蛋糕

15

多年以后，我可能会忘记提拉米苏入口即化的美妙口感，忘记杯蛋糕精致可爱的外表，忘记芝士蛋糕有多么可口，但我会记得，在那间香喷喷的教室里，我们五个人边聊边笑，边笑边做着可心的甜点的感受，就像春天的太阳，温暖又让人踏实。

如果你要问北大附中最火的课是什么，学生们都会异口同声地回答：烘焙课。很多学生会砸掉手里所有的意愿点希望能选上这门课，因为最多的时候会有两百多人申请上这门课，然后抱着"如果被选中了这门课会想要去买彩票"的心态等待那个结果。

家长们看到这里会有什么感想呢？不难想象，爸爸们会是这样的反应吧："乱弹琴！""我的孩子成天在学校干些什么呢？""做个蛋糕也能算是一门课程？""这明明是在荒废青春的大好时光嘛！有这个时间，还不如多做两道数学题！"妈妈们也许会说："啊！好羡慕啊，要是我当年上学时也有这样的课就好了。""儿子怎么会报这样的课呢？长这么大连厨房都没进过呀！""女孩子早晚是要嫁人的，学一点家政没坏处……只是，不会耽误高考吧？"

不过在学校里，什么奇葩课都会见识到的学生们早已经见怪不怪了。下课以后背着书包赶往校门口的小白楼然后口口声声说"我要去上烘焙课了"绝不会遭到别人的嘲笑。如果看到一组六七个大小伙子围在一起做蛋糕的情形也不会有人大惊小怪，总之，在学校里做蛋糕是每周某个下午两节正儿八经的课，在别的学校也许是难以置信的事儿，在这里大家都习以为常了。

是的，烘焙课百分百是一门课程，你在课上做蛋糕，吃蛋糕，就这样甜甜蜜蜜地拿到两个学分，难怪引起全校学生的争抢啊！

这种受欢迎的热烈程度远远超出了教烘焙课的老师张芳的预期。作为两个孩子的妈妈，在国外常年生活的经历让张芳对烤蛋糕之类的家政充满了热情，也有丰富的经验和心得，对她来说，烤蛋糕甚至已经是她的日常生活方式之一，她也希望有更多的孩子能从她的烘焙课上得到生活的享受和能力的锻炼。

需要说明的是，学校提供课程的机构是四大学院和三大中心，烘焙课就属于三大中心里的信息与通用技术中心。信息技术不用说了，就是跟信息的采集、处理、传输、存储等相关的技术啦；通用技术呢，是跟专业技术不一样的，那种能在日常生活里广泛应用、对学生发展有广泛迁移价值的技术。

北大附中的通用技术课不只有烤蛋糕，还有做服装、做木工活、室内装修、建筑设计等不同种类实用性很强的课程。在别的地方也许是可有可无的课程，在北大附中却开展得有声有色。按照学校的说法，通用技术课程的目标是培养学生的创新精神，增强他们的实践能力，提高交流和表达能力，未来增强进入社会的适应能力。

从课程内容可以看出来，技术课程的学习过程本身其实就是一种创造过程。通过一个项目，一个任务的完成，激发创造的欲望，享受创造的乐趣，培养想象力、批判性思维能力，还有在实践中不断创新的能力。它强调的是心智技能和动作技能的结合，理论和实践的结合，简单地说，就是教你学会"自己动手，丰衣足食"。

通用技术课的老师们认为，技术都具有丰富而深刻的文化内涵，注重意念的表达与传递，因此技术的应用能扩大学习的范围、方式、能力，有利于终身学习和终身发展，有利于更好地了解社会、了解生产、了解职业，了解它们与技术的联系；利用所学技术更广泛地参与社会生活，提高对未来社会的主动适应性。

这样的表述大概有点儿抽象和高深吧，不如来看一看学生们的课程总结，香喷喷的蛋糕课——烘焙课就这样甜蜜蜜地呈现在你的眼前了。

会做蛋糕的人是世界上最厉害的人

尚雨欣

毫无疑问，烘焙课是我至今为止上过的幸福感最强的课。到现在还清晰地记得选课时的义无反顾，愿意尽每一分努力从一百七十多人中脱颖而出，记得当初满学校地找老师，到处要老师的联系方式，记得给老师写了我写过的最长的短信，记得当初选上之后的欣喜若狂。

每一次走进烘焙教室，心里的激动都难以抑制。看到黑板上写得满满的配方，看着手中这些陌生又亲切的模具，心底就会涌现出一种温暖的成就感。一纸配方、一个小秤、一台烤箱和一颗想做糕点的心成就了烘焙房里飘香的味道。

在课程中的收获自不用说，我本是一个手不太巧的人，刚开始的时候总是小心翼翼，生怕手抖加多了配料，导致我们组最后的烘焙无法成功。到后来，四个组员间默契配合，我能以最快的速度加完所有的配料，并且总是异常精准，这门课改掉了我笨手笨脚的毛病，更增进了我们的团队协作。

我曾认为能做糕点的人是世界上最厉害的人，现在的我已然成为当初自己所敬佩的人。刚出炉，不顾烫嘴尝试的第一口，或是看到别人吃着我做的糕点，说出赞美之语，都让我心里幸福满满。

最开始的时候是曲奇、蔓越莓饼干和糖霜饼干，我每次做完都舍不得吃，包上最精美的包装带回家送给爸爸妈妈，或是第二天带给身边的小伙伴，做到第三种饼干的时候，其实心里面有一点不满，因为我们用了三分之一的课程时间做了三个看来实在相似的点心，可后来当我上网检索的时候才发现，原来所有的饼干都可以利用这三种配方制作完成。

有了这些做饼干的经验，我自己在家里也尝试了一种非常创新的饼干——香蕉软曲奇。我平常非常爱吃香蕉，那一炉饼干烤出来虽然卖相不如蛋糕房里的好看，但是实在好吃，妈妈当时惊讶于我的改变，要知道我曾是一个下厨几乎什么忙都帮不上的人啊，现在竟能独自制作完成如此好吃的饼干，也是托了烘焙课的福啊。

后来我们做了麦芬，那是我去咖啡厅每次必点的点心，当看着烤箱中的一个个麦芬鼓起来的时候，激动得仿佛要跳起来。我们组是一个创新之组，每次都要足足多做出一倍不说，还经常会在配方中多加入一些我们喜欢的元素。比如我们做熔岩巧克力麦芬的时候，在本来的配方中我们加入了德芙巧克力，当它熔化后，一口咬下去，里面的巧克力汁都会流出来，好吃到浑身颤抖！

磅蛋糕更是不敢想象可以实现的作品，平日里恨不得要花近百块钱才能买到的蛋糕竟能出自自己的手中，成就感绝对满满的。我觉得我们组的大理石花纹做得非常好看，虽然有些地方并未形成花纹，但是有的花纹样式美得连我们自己都吓了一大跳。

再后来，是做杯蛋糕，由于我们组秉持着减肥的理念，全组不喜奶油，于是放弃了杯蛋糕，转而再次制作我们最喜欢的麦芬。这一次的制作更加娴熟了，用的时间比上次短很多，进步的感觉显而易见。比萨是整个课程中最能满足大家食欲，又最普遍实用的糕点，馅儿足肉厚，感觉美美的。我们组自创的巧克力比萨更是征服了现场的所有人，虽然黑，却绝不是黑暗料理，想来以后家族聚餐的时候小露一手一定能技压群芳。

最后的芝士蛋糕和提拉米苏则是我心中甜品界圣殿般的存在。做完芝士蛋糕第二天回家，我就立即在网上购置了所有的材料，开始准备在段考后为家里人在年夜饭中添一道重量级甜点。虽然出现了一点小风波，而作为我们组唯一尝到自己做的芝士蛋糕的我更是在愧疚和机智的快乐中吃完了蛋糕，那种细腻的口感实在让我欲罢不能。提拉米苏的制作缺少了海绵蛋糕的衬托少了几分风味，但是我永不会忘记大家在课上用手指头互相蘸取别的组的成品时的笑声，这门课实在结束得太过幸福。

这个学段我已经三过蛋糕店的门而不入，我想烘焙课给我带来的不仅是美食的享受那么简单。我一直秉持的一个理想就是逐渐成为自己所崇拜的那种人，不断突破、提高自己，这是我迈向梦想的又一大步。感谢烘焙，让我看到成长中的自己，感谢所有的美好。

包含了爱的甜品，味道总是最好的

张雯

从上学期的下半学段起我最想报的课就有烘焙课。本来以为砸了一百个意愿点就可以高枕无忧，但结果发现还是没有报上。看着一个个小伙伴在朋友圈里秀他们做了什么吃了什么搞得我心痒痒死了。这学期我又满怀期望报了烘焙课结果竟然神奇地选上了。从做各式各样的曲奇饼干到蛋糕比萨还有最后超级好吃的 cheese cake，感觉做这些

给了我一种对于生活的全新感受。

之前妈妈如果说让我到厨房帮忙我是很不情愿的，但现在发现做出美食的感觉真的是太美妙了。从它还是原材料的时候悉心地培育它，看着它一点点地成型，当最后它成为盘中餐时，我觉得大家都会有一种把孩子培养成人般满满的自豪感吧。所以尽管它没有那么漂亮的包装袋子，但味道绝对是和商店里卖的成品不一样的。

我特别喜欢在烘焙课干的一件事情就是，当甜点在烤箱里烤的时候，蹲在玻璃窗口，仔仔细细地看着高温如何把黏黏的液体加热成酥酥软软的蛋糕。我清楚地记得有节课我们在做风靡很久的 cup cake。当一个个小山丘在烤箱里隆起的时候，当一个个 cup cake 被闺蜜们满足地吃掉的时候，我明白对于制作者来说最幸福的事情就是看到品尝者的笑脸了。

没想到一个学段的时间竟然过得这么快，我从中学会的技能不只是多会做了几样点心这么简单，而是让我对生活有了更大的热情，现在有时候在周末我也会给爸爸妈妈做点饼干尝尝，也许以后有了自己的家庭我会做各式各样的甜品给家人吃，这么想想都觉得好幸福。包含了爱的甜品，味道总是最好的。

当我们谈论烘焙课时，其实我们在谈论些什么

尚玉

时间真是过得飞快，当初发现烘焙课选上了的激动还在心头，九周就已经匆匆过去了。

从小就对美食情有独钟的我，初中开始尝试着学习做饭，但不过

是些家常小菜和煮粥蒸饭，对甜品还真是从未涉及。抱着好奇、尝试的态度，第一次走进了烘焙教室。从起初对刮刀、马斯卡彭、筛粉一无所知的我们，到最后运用得得心应手的我们；从起初甚至互不相识的我们，到最后每周默契配合的我们；从第一周小心翼翼尝试的我们，到最后一周胸有成竹制作的我们，烘焙课带给我们的不只是那些写在白板上的制作流程，更是一份一起做美食的快乐，一种享受生活的态度。

写着感悟的时候，烘焙课上的情景都历历在目。我们是幸运的一组，有着四个跃跃欲试的新手和一员上过烘焙课有着丰富经验的老将，我们围着一个只属于我们组的长桌，每次都在那片空间里创造着新的美味和新的快乐。

程泽其是我们组名副其实的找东西大王，每次我们急需的物资她都能秒 get；臧玉冰是组里最贤妻没有之一的人，只要遇到操作难度系数比较高的部分，我们就都默默在旁边看她做了；王子钰有着特殊爱好，每次都能看到他在水池前默默洗东西的背影，人称"洗刀小哥"；岳雨霏则是当之无愧的精神领袖，有她这员大将，我们从不担心那些看不懂的操作和不熟悉的工具；至于我嘛，在这九周里和刮刀产生了浓厚的感情，每次遇到要翻拌、搅拌的时候，大家就都相视会心一笑，默默把盆和刮刀递给我了。

写这些的时候，心中都会有一种温暖的感动，想到报烘焙课的初衷是去学做美食，最后爱上烘焙课却是因为这群可爱的组员，因为大家一起做一起吃的那份快乐。

当我们谈论烘焙课的时候，我们是在谈论没有化开吉利丁片的傻队友，谈论自制了一盘飘香烤肉后大家享受的表情，谈论轻易把面和好的那双手如何贤惠，谈论那些贴纸里所深藏的爱意。当我们谈论烘焙课的时候，其实我们谈论的是那些美食蕴含的人情味和那种人情味里，我们心照不宣的默契。我们的胃告诉我们对烘焙课的热爱，而这样的热爱，告诉我们那个明亮的带着食物香气的教室，是我们九周里快乐的来源。

　　多年以后，我可能会忘记提拉米苏入口即化的美妙口感，忘记杯蛋糕精致可爱的外表，忘记芝士蛋糕有多么可口，但我会记得，在那间香喷喷的教室里，我们五个人边聊边笑，边笑边做着可心的甜点的感受，就像春天的太阳，温暖又让人踏实。

校园咖啡屋
和中学生创业史

16

在中考面试那天她就对这个学校留下了深刻的印象："他们愿意花时间来了解你这个人，他们在意的是你这个人而不是所谓的成绩。"大家都在说的素质教育在这个学校里真切地体验到了，在这里，他们会给每个人机会，干自己想干的事儿，探索自己从没探索过的领域。

我的地盘儿

在北大附中，NEON 咖啡屋是一道别致和亮丽的风景。要是在全北京的中学里找找纯粹由学生在校内经营的咖啡屋，应该也是屈指可数的吧。

从西门进来穿过环形跑道，上台阶绕到女神像的瓷砖彩墙后，透过挑高二层的落地玻璃窗，阳光暖暖地洒满两个教室大的店面，红色的餐桌，木色的台阶，井然有序的操作间，淡淡的咖啡香。咖啡都是现磨的，咖啡豆是从网上订购的意大利知名品牌，牛奶和奶油都是厂家特供，奶油枪打出厚厚的奶泡儿，小杯十五元，大杯十七元，对学生来说也算是亲民价了。

中午放学以后，很多学生在对面的食堂吃过午饭，就会来这里点一杯摩卡，聊一会儿天儿，享受一段轻松惬意的午后时光。咖啡屋里空调开得很足，冬暖夏凉，冬天来一杯热乎乎的卡布奇诺，就算是考试考砸了喝上一杯心情也会好起来；夏天还会有特供的西瓜汁儿，冰箱里捧出圆圆的大西瓜，赶上榨汁儿机坏了的时候，学生店员会一勺一勺给你挖出西瓜肉，纯纯的纯天然的鲜榨西瓜汁儿啊！

这所学校虽然占地面积不大，但是布局合理，尤其是对公共空间的处理有着与众不同的思路：中庭是小乐队演出和学生排练的地方，教师们的地下车库改成了学生的通用技术教室，食堂四楼是健身房，跑步机、台球案子各种器械一应俱全，正在兴建中的大型体育馆也令人充满期待。高中楼三层的教师办公室被改成了学生会议室，原来的好多教室也被改造成学生的书院活动室，都是学生自己设计装修的哟！二层的自动饮水机旁边的过道、操场外绿藤萝环绕的小花园还有图书馆里的玻璃房，都是大伙伴小伙伴促膝谈心的场所，每一个地方都可以看出是为了学生生活贴心设计的，这也就是为什么校园很小，学生们却会感觉到空间很大的原因吧——到处都是自己的地盘儿。

在所有这些学生地盘儿当中，要说最出彩的恐怕就是高中楼的咖啡屋了。不管是校友聚会，还是领导参观，家长开放日咨询，还有其他学校的学生游学，大家最喜欢的地方就是咖啡屋。到这里坐一坐，体会到一种和校园外的咖啡馆完全不一样的既轻松自在又单纯明朗的氛围。能有这样的氛围，大概一方面是因为咖啡屋是由学生的团队在经营，另一方面，也是因为虽然是学生，但经营得一丝不苟，没有一点儿孩子玩闹的意思，可以提供相对比较专业的服务。这一点也是北大附中大多数学生社团的一个共性，做平面设计的"水煮蛋"，提供影像服务的"创媒""钢的琴"，都是由学生主导、为学生服务的社团，工作态度、运作模式和提供的产品也都可以达到专业水准的要求。

我的咖啡屋

刘子芸是在上高二那年当上咖啡屋的店长的。对校外来的客人而言，她是咖啡屋的店长，但是学校里的老师和学生都知道，经营咖啡屋的团队其实是学校的中心社团，咖啡屋的店长也就是社长。这位社长是从高一端盘子的服务生一步步干起来的，当了店长之后，对咖啡屋的经营自然有自己的想法。

那年咖啡屋社团的招新活动她并没有参加，七八十人的面试是委托人事部长完成的，最终筛选剩下了四十人。这四十个人也不可能全都留下，为了更准确地判断甄别，刘子芸混在一群高一新生中间，当了一个星期的服务员。除了个别的老店员，没有人知道她是店长。一个星期下来，她不仅熟悉了每个人的脾气秉性、工作态度，也调查出了他们对咖啡屋经营现状的真实看法。一直等到开全体大会时，她才以社长的身份出现，新店员们大吃一惊，她自己当然暗自窃笑，虽然憋得够呛，但是一周的"潜伏"让她收获很大。

重温了刚来时当服务员的那种体验，同时也对咖啡屋下一步的运营有了比较具体明确的规划。经过筛选之后最终留下来的团队成员包括刘子芸等管理层的三个人在内一共是三十五个人，在学生社团里也算规模不小了。不过经验使然，刘子芸决定不再定期开例会，有事儿说事儿，没事儿她甚至可以不来咖啡屋。之前她在这里的时间太多了，对情况非常熟悉，知道大家因为走班谁跟谁的课表都不一样，很难有机会凑在一起，有的人还参加了其他的若干社团，每个人都很忙，所以除了新高一刚上来的时候互相认识一下，排一下值班表，以及临近期末一两周的时间开会总结一下，基本没开过全体会。

咖啡屋的营业时间主要是在中午，午饭之后是最忙的，那个时候她反而不在咖啡屋出现，因为觉得她在场会无形中给店员造成压力，不过如果临时出了状况需要协调什么的她会立刻拍马赶到，在她看来，不在场也是一种管理方式，她不在的情况下暴露出来的问题就是真实的问题。

学校两点钟上课，偶尔她会一点半过来抽查，曾经发现有的女生在营业时间跷着二郎腿坐在柜台后头刷朋友圈，她会直截了当地提出批评。大多数时候她是一个温和的管理者，但是原则性很强。温和体现在她会尽可能地根据团队每个人的性格特点安排适合他们的工作，有人适合做店面，有人适合做策划，有人适合跟人打交道，有人适合在后厨做咖啡，这种灵活性来自在咖啡屋参与过每个环节的工作经验；至于说到原则性，她是个很有原则的人，按照她的说法就是，不能碰触底线。

所谓的底线，就是不能浪费。

咖啡屋有一种叫作员工福利的东西，每个员工在打烊之后可以自己做一杯咖啡带走。她发现有的店员拿着奶油喷枪往洗手盆里喷大把的奶油，她看了特别心疼，这样的行为是绝对不能容忍的。像她这个年龄的大部分城市孩子对钱还都没什么概念，花钱大手大脚都习以为常了，但是咖啡屋的工作经历让她对这样的习惯深恶痛绝。

之前她还在端盘子的时候也享受过员工福利，那个时候咖啡屋给每个店员订了员工餐，不是一二十块钱的盒饭，而是麦当劳、肯德基、必胜客的套餐之类。当时她只是心里暗暗地想，成本会不会太高呢？后来和财务聊起来才知道，其实一直在亏本。虽然从经营者的角度也会理解那样的做法应该是事出有因，毕竟刚起步时咖啡屋还没有什么吸引力，一盘散沙，提供这样优厚的员工福利大概是想要笼络人心吧，不过在刘子芸看来，这种方式不一定是最佳方案。

虽然不是土豪，但是家庭条件也还不错，刘子芸是在咖啡屋养成的精打细算过紧日子的习惯。她接手之后的营业额一直在上升，手里已经挺宽裕的了，但每一分钱都掂量着花。比如员工福利，之前也有人建议过直接发现金，但是她权衡了一下，考虑到人员流动性比较大，所以放弃了这种做法，改成直接兑现为咖啡，理由是"大家既然自己报了咖啡屋这个社团，一定是因为喜欢咖啡才来的，所以可以喝到自己制作的免费咖啡，才是最好的福利吧"。

话说当初她自己就是喜欢咖啡才报的这个社团。因为第一学期没住校，所以得到社团招新的信息时已经晚了，工作差不多分配完了，只剩下端盘子的服务员，即便如此也无所谓，就那样进来端了一个学期的盘子。

一开始端盘子什么都不知道，想着是挺轻松的活儿，干了以后才知道也还有这样那样的要求。同一书院里有的高年级学姐对她指手画脚，呼来喝去，虽然也会觉得委屈，有怨念，可是看在喜欢咖啡屋的分儿上也都忍耐下来。高一下半学期开始有机会学习做咖啡，这下兴致更高了。每周来四次，两天端盘子两天做咖啡，整整花了一个学期的时间学习。

需要背配方，每一杯每一个品种的咖啡配方都不一样啊，除了受设备限制，星巴克的星冰乐之类的产品做不成之外，咖啡屋可以做的咖啡种类还是挺多的。学着学着就慢慢开始钻研，没时间去报班，只能自己坐在电脑前琢磨拉花，一边参考人家的图样，一边自己在纸上比画。但是要真在咖啡上画出那些图案比纸上可难得多了，幸好小时候学过摄影，端相机练出来的稳当劲儿这会儿派上用场了，就这么边看边琢磨边练手，画好的图案存到手机里，不知不觉存了十几种。

就在她做咖啡渐入佳境的时候，咖啡屋的经营却出了状况。因为是创业阶段，谁都没有经验。最初只是几个学生凭着热情投了钱跟学校盘下了这个场地，还组成了五人董事会，组建了二三十人的团队，但是热情过后真正运营起来遇到不少实际困难难免手足无措，特别是客户少，销量上不去，营业时间基本没有客人来，从惨淡经营到负债经营，从二三十人的热闹景象到一个一个离开，最少的时候只剩下四个人。很多人走是因为觉得这里已经没有任何希望了。

就算是每天都担心随时会关张，刘子芸还是坚定地守在这里。从第一次来就喜欢上咖啡屋，心里感叹："竟然能有这么个地方让我们自作主张啊！"没有老师干涉，从进货管账到做咖啡卖咖啡全部都是自力更生，所以特拿这里当自己的地方。看着它越来越不景气，大家心里都很难受，但是也因为这个才更想要守住它。

留下来的都是志同道合的人。大家互相打气，心里隐约觉得总有一天会好起来的。

就凭着这样不知道哪儿来的信念，扛了差不多有一个学期，慢慢地每天能卖出几杯了，到四月的开放日，一下子迎来了转机。

如今很多中学都有面向社会的开放日，为了扩大宣传，增加外界的了解，尤其是为了让更多感兴趣的学生家长全方位认识学校，在开放日这一天会举办各种各样的活动，展示学校的教育教学特色和成果，有的家庭会全体出动，开放日那天可以说是除了校庆之外学校最热闹的一天了。

在那天营业的咖啡屋迎来了最大的客流量。至今回忆起来依然很得意："一下子我们就有钱了，数钱数到手抽筋儿。"有了钱之后要办的第一件事儿就是宣传，之前最让他们郁闷的是很多人竟然都不知道咖啡屋的存在，这让他们意识到经营的很大问题就出在宣传上，找到问题就解决它，决不坐以待毙是这群留下来的铁杆儿的做事风格。他们在初中楼高中楼操场食堂小白楼广而告之，影响力逐渐扩大，口碑也好，滚雪球一样，有的时候一周的流水可以达到两三千块，差一点儿关张的咖啡屋就这样转危为安了。

虽然情况好转，他们也没有沉浸在开始盈利的喜悦中，又针对客户构成进行分析。他们发现真正进店消费的主要客户群其实大部分来自初中生，初中部和高中部中午放学的时间不同，初中部先放学先吃饭，饭后直接过来三五成群地买饮料。相比起来，年龄大一点儿在校时间长一点儿周边环境熟悉了的高中生更多地会选择去校外消费。这样一来，他们针对目标客户进行了调整，高中生和初中生口味不一样，初中生喜欢偏甜一点儿的，他们设计的产品就迎合初中生的口味，目的是"要服务于大客户"。

正是因为经历过波峰波谷，从低潮到高潮的起伏，从最开始端盘子就是图好玩儿，这么大一片地儿这么多朋友大家一起玩耍，到经过压力经过困难慢慢会觉得有责任了，对咖啡屋投入的时间、精力和感情越来越多。相比那些新来的成员刘子芸更懂得珍惜，对她来说咖啡屋早已经不再是一个简单的学生社团或者自主经营的实体了，而是一个陪伴着他们共同成长的生命体。

就像曾经担任过咖啡屋市场部部长的黄博文所写的：

"不可否认的是，我们都有冲动的时刻，也都有激情磨灭后的时候，但无论如何，我们坚持了下来，某种程度上来说，这也是一种成功。

"在咖啡屋的团队中，我们有很大的自由度和发言权，大家都可以提出自己的见解和自己想到的点子，不必拘束。其实，这就是一种团队的力量，这种力量可以支持我们一路走下来，使我在这里感到很安全、很温暖。

"我们互相帮助，共同努力，共同进步，共同面对困难，共同收获成功。"

我的未来

像很多社团活动一样，学生们在咖啡屋首先需要学会的是合作与沟通。

对此黄博文回忆道："因为经常去星巴克这类的咖啡店，以为收银员只要保持微笑并且认真记账就可以了。其实没那么简单，仅仅是保持微笑就很难做好。虽然是在学校里，可是面对的顾客性格也是多种多样的，也会遇到形形色色甚至有些过分的要求，而我性子也比较急，有时虽然强忍着怒气也使得气氛变得很尴尬。还有，起初在咖啡屋经常会有过来大声玩闹的初一小同学，或者是高年级的同学每天都来咖啡屋吃午餐，不消费也不收拾垃圾。最初我心里同样很是生气，但是后来，经历的情况多了一些之后，我的脾气有所改变，变得更加耐心了。其实，矛盾是一种现实，但是愤怒只是一种选择。我们生气是没有任何意义的，这不仅对我们不好也伤害到了别人。于是，我刻意控制自己的脾气，磨去自己的锐气，尝试用更温和的方式去解决问题，我发现事实上问题并没有自己想象得那么尖锐。"

这一点刘子芸的体会同样深切。

她小时候是被父母当成男生对待的，受到的教育是学会独立坚强，初中时候也喜欢和男生混在一起，假小子一样的率直性格，并没有意识到自己过于尖锐和强悍的一面有可能产生负面影响。直到在咖啡屋看到一些同学在处理问题和对待客人时不留余地的态度给大家带来不愉快，于是开始慢慢懂得应当在交流中关注别人的感受。

除了团队内部需要协作，其他社团也经常来找他们寻求合作，"钢的琴"想在这里采访和拍摄，动漫社也想在这里推出"女仆咖啡店"的活动；很多人来来往往，咖啡屋像是给她打开了一个观察社会的小窗口，需要学习和不同的人打交道。

在这个过程中有了更强的包容度和理解力。在书院里生活，沟通与合作也是必不可少的，比照咖啡屋经历的人和事，让她可以更准确地做出预判，也让她这个来自外校初中，高一时候还被人误认为自闭的女生渐渐在学校打开了局面。

在经营咖啡屋的过程中，不仅要面对校内的同学和老师，还要面对社会。假期她通过打工的地方找了一个厂家提供奶源，没想到对方销售经理十分不以为然，她心里不服，但还是努力尝试沟通，结果取得了好的效果，这段经历后来她写在一份报告中：

　　咖啡屋在学校三十多个活跃社团中算是比较特殊的一个，因为我们要考虑的不仅是团队建设，更重要的是咖啡屋的生存和发展。为了寻求稳定可靠的货源，我利用假期在某公司实习的机会为咖啡屋找到了一个大品牌的牛奶供货商。

当我尝试和该牛奶公司的区域经理商讨供应牛奶的时候，他直接拒绝了我。在他眼中，学生最重要的是学习，社团和社会活动并不重要，特别是作为一名高三的学生，更何况，一个高中生在他眼中并不值得信赖。

我对他的反应很震惊，甚至是生气，我不明白为什么他要直接扑灭我的热情和希望。但当我站在他的位置上，就能明白他的良苦用心了。在他上学的时候，知识的主要来源是老师和课本，现在的我们更倾向于通过实践来获取经验，我们站在不同的角度看待一个问题时得出了不同的结论。他能够做到现在的位置上，有今天的成功，说明他是一个努力的人；通过他的人生经验，他相信优异的学业能够带来更好的生活。站在他的角度上，专心于学业对我来说才是最好的选择。

我决定尝试着说服他。我告诉他，北大附中的咖啡屋是怎么从一个只有十三个人的团队发展到现在的三十五个人；我告诉他，我们2014年下半年的营业额比上半年的营业额高了一倍；我告诉他，我们不断地尝试新品并且乐此不疲，也获得了学校师生的认可；我告诉他，我们在能够正常运营之后还开始做一些公益类的活动，给博茨瓦纳的艾滋病人捐款，为广西的孩子筹款，我们感受到了承担社会责任的满足与快乐。而且，咖啡屋不仅仅是一个社团，它给了学生更多体验新鲜事物的机会，让我们更早地了解工作上的一些无奈和烦恼。咖啡屋通过我们的努力日益壮大，也让我们在这个实践平台上增长了见识，锻炼了能力，开阔了视野，并给我们学习的机会，也给了我们展现自己的舞台。

终于，我从他的目光中看出了他对我的观点的认可，以及对我们成功的赞许，同时，也看到了他对我们这一代有如此充分锻炼实践的机会流露出的羡慕，我知道，我说服他了。如今，咖啡屋和他们的合作已经有半年时间了，两边已经磨合得很好了。

正是在平时的学习和生活中我们不断积累和不同的人打交道的经验，我们希望被别人理解，也同时希望能明白别人的良苦用心，站在对方的角度考虑问题，能够化解生活中的很多矛盾。

从端盘子的服务员到管理整个团队的店长，在咖啡屋的经历给这个十几岁的女孩儿带来的最大收获就是"知道了自己将来真正想做的事是什么"。还没上高三，她已经选定了自己未来大学的专业方向——管理。

其实高中就已经报了相关的管理课程，老师在课堂上会请来一些他的朋友，有做天使投资人的，有创业的，也有做企划和产品宣传的，和他们分享工作中的实践经验。虽然不是在商业文化中长起来的，但是咖啡屋让她对原来这个十分陌生的领域有了了解，她也将课程中所学到的知识运用到咖啡屋的经营中，学习了客户心理学等内容，她就会在圣诞节推出圣诞特供，课程中有很多 group work，对她在咖啡屋管理团队也有直接的帮助。

暑期她会到知名餐饮企业的慈善机构翻译稿子做文案，也在园博园参与策划爱心长跑的活动，寒假也在门店的后厨干过，两三周的时间做咖啡。在大公司打过工，也在成立只有一年的在线教育公司工作过，每一处她都汲取有益的经验。见识了大公司的规模，新兴公司也让她了解了高效务实的扁平化管理，即使一个最底层的职员也可以跟大 BOSS 直接沟通。二十几岁的年轻 CEO 平易近人的处事风格给她留下了深刻印象，教会她进一步了解管理所需具备的沟通协调以及其他各种能力。

在咖啡屋的创业阶段一切都不稳定，什么都在变，他们也只能随机应变，久而久之人就会变得散漫懈怠。她当了店长之后第一件事就是定下规章制度，要求所有人都必须遵守。遇到校友日、开放日之类的客流高峰时段，她还会提前想好每一个细节，画好送餐路线图，给每个人定岗定责，制定当天的员工守则。

有了一定的经济基础之后，她开始做一些有风险的好玩儿的事儿，换了一台五千多块钱的咖啡机，提高了咖啡的口味和品质。又考虑到咖啡屋只有中午营业，但很多学生不是只有中午才有这个需求，还有好多高三学生上晚自习会犯困，她申请了一笔学校的专用经费购买了自助售卖的咖啡机，为了控制成本，降低损耗，每天从限量五杯到逐渐递增，全程无人监控，全凭学生自觉。

到了高三之后她也考虑物色新店长的人选，标准是要看这个人有没有想法，有没有执行力，跟大家相处的怎么样。像这个学校的整体价值观一样，学习成绩不是他们首先考虑的内容，愿意投入时间和精力在自己热爱的事情上，能切实地负起责任，是她在这个学校学到的最重要的东西。

不管是进入咖啡屋还是进入北大附中，至今为止刘子芸都觉得自己的选择非常明智。如果是在相对正规和传统的学校里依然会有很多旁逸斜出的小心思小想法，但是在这里学校会给你提供丰富的渠道和广阔的平台供你尽情挥洒青春热情。

在中考面试那天就对这个学校留下了深刻的印象："他们愿意花时间来了解你这个人，他们在意的是你这个人而不是所谓的成绩。"她想象上了大学要是有人问她高中三年都干什么了，如果只能回答"我就是学习了"，那样会觉得挺悲哀的。大家都在说的素质教育在这个学校里真切地体验到了，在这里，他们会给每个人机会，干自己想干的事儿，探索自己从没探索过的领域。

我的社团

在北大附中，学生社团特别多，活动也十分丰富，为了便于管理，学校把这些社团分为三大类：中心社团、注册社团和自发社团。中心社团是由学校统一管理和指导的；注册社团由学生自主发起并在学校注册备案，所有注册社团形成一个社团联盟，学校每年会给社团联盟一笔活动经费；自发社团则纯粹由学生自己发起、自己组织、自己活动。

经营咖啡屋的团队是中心社团，中心社团归属于学校的综合实践处，也就是说，咖啡屋并不是学校给学生开着玩儿的，而是让他们在实践中体验和学习，这也是北大附中的一门特色课程，课程的名称就是综合实践课。

2003 年国家颁布的《普通高中课程方案（实验）》中规定，综合实践活动作为高中课程结构八大学习领域之一，包括研究性学习活动、社区服务与社会实践三方面的内容，高中生毕业时，需要修满相应学分。

作为国家规定、地方指导、学校自主开发与实施的必修课程，综合实践活动以学生现实生活实践活动为主要课程资源，以实践性主题活动为基本教学形式，以学生自主学习和直接体验为主要学习方式。

按照学校要求，北大附中的中心社团都要有指导教师，综合实践处的主任方超就是咖啡屋这个社团的指导教师。在他手里还掌管着学校几十上百个综合实践项目。咖啡屋的日常运营都是由店长主导，只有涉及学校的资源配置和其他部门的沟通协调等问题时，刘子芸才会需要方超的指导，真正的指导来自"实践"。

综合实践课程作为一门相对比较新的课程类型，对于学校来说还处于摸索阶段。由于可以想见的原因，这门课程并没有受到足够的重视。但是在北大附中，综合实践课程却开展得相当活跃。学校师生在校内外开发利用多种资源和渠道丰富课程内容。今天，无论是研究性学习、社区服务还是社会实践，都成为学生参与度相当高的活动。

最初开设这门课的时候他们也比较偏重理论，一个老师带十五名学生做研究性学习，老师讲学生听，象征性地做几个活动，参观几个景点儿，分配一些任务，主动权并不在学生手里，效果也不理想。经过研究，方超领导综合实践处从 2013 年 7 月开始，开启了一种全新的模式，他们开发了一个网络平台，创建了一种基于学生社交形式的完全开放的新型课程。

这位中科院博士毕业的年轻教师很认同克莱·舍基在《认知盈余》中传达的理念，即：在网络媒介时代，通过集体协作和个人行为汇集成公共性的社会资源进行"盈余性"或"公益性"的社会创造。网络给了人们一种可能，汇聚微小的力量做成大事。

学校的任何部门和任何学生个人都有权利在网络平台上发起一个项目，以项目发起为起点，先后完成项目审核、成员招募、项目推进、展示、评估和评优等环节，直到课程结束。

比如，一个学生根据自己的兴趣和需要发起了一个项目，对项目进行规划之后将项目的描述放到网络平台上，经过学校审核之后，项目进入招募期。学生们可以根据需要自由报名参加在项目商店内的招募项目，招募范围不仅仅局限在各书院、学院内部，搭建网络平台的意义就在于可以让志同道合的学生跨书院、跨学院、跨年龄进行合作。

与其他课程不同，综合实践类的项目进行周期多数是在半年以上，学生线上申请双向选择，线下交流组队合作完成任务，全程由学生主导独立实现，给予学生的收获和体验丰富而深刻，其间并没有教师监督和考试检查，学生对于项目的执行依然一丝不苟，学校方面的创新管理体现在对于学生的充分信任，而学生的成长则来自团队合作与自主实践。

学校对项目申请没有设置任何门槛，对学生也没有任何条条框框的限制，因此呈现出来的项目五花八门。有纪录片形式做的有关春晚的研究性学习，也有志愿者形式为打工子弟学校支教。有的学生会组队前往四川雅安观察大熊猫，也有的学生深入田野考察探访唐代建筑遗迹。负责综合实践课程的方超表示，这样的课程可以给予学生更充分的自由，鼓励他们的合作意识与创新精神。

随着北大附中综合实践课程的深入开展，一些以营利为目的的中介机构开始找到学校寻求合作，但都被拒绝了。为了给学生提供更广阔的平台，方超主动找到中国科学院、北京大学等单位，建立了校外实践基地，这些机构组织会针对高中学生的特色结合适当的项目面向附中招募志愿者。与此同时，方超和综合实践处的老师们也积极利用校内各种资源和平台开发推动实践类课程。

如今这门课程在北大附中已经深入人心，各学院的老师各书院的学生都在不知不觉中参与到了与之密切相关的课程建设中。不仅是咖啡屋的管理和运营，学校的书院活动室的设计装修，技术中心专业教室的建设，各部门的行政助理工作，开放日、校友日的活动等项目都被纳入综合实践课程向学生开放。可以说，在校园内发生的大部分公共服务活动都被以课程的形式交到了学生手上。

如果说学校的四大学院和三大中心提供了"有形的课程"，那么像这样渗透在校园的各个角落覆盖了校园生活方方面面的"无形的课程"为学校带来了潜移默化的改变，让学生的精神面貌和校园氛围显得生机勃勃，与众不同。

一些人认为综合实践课程的全面开发和深入推进对学校发展是本末倒置，不务正业，另一些人则认为恰恰是这样的课程让学生获得了最真实和有效的教育。

这也牵涉到长期以来争议不断的关于"什么是学校"这个根本问题。

德国教育家福禄培尔认为，"学校是一种机关"，它应当致力于使学生认识到事物和他自己的本质和内部生活，通过心灵和外部世界、自然和语言，教他了解和使他意识到各项事物彼此之间的内部关系、对人和对学生的关系，及对一切事物之活的本源的关系。"只有使一切事物具有生气和一切事物得以在其中活动的精神和生命的气息，才是真正的学校应有的本质。"真正意义上的学校，应当使学生"达到对事物认识、洞察和形成意识的观察，以及他脱出家庭秩序而进入更高的世界秩序"。

提出"教育即生活"的美国教育家杜威同样认为学校是一种社会组织。"教育是社会生活的过程，而不是生活的预备。"在他看来，现代教育把学校当作一个传授知识、学习课业和养成习惯的场所，并不真正具有教育作用。学校的整个精神要得到新生，学校必须与生活联系，成为学生生长的地方。学生通过直接生活而不是学习课文来进行学习。

杜威说："学校科目相互联系的真正中心不是科学，不是文学，不是历史，不是地理，而是儿童本身的社会活动。"这句话也许可以作为今天努力推行综合实践课程的一个依据和出发点。

书院—城邦：
将一群人解放为一个人

17

自由的教育是与填鸭子的过程恰好相反的一种过程。自由的教育不是"受"的，也不应当有人"施"。自由的教育是"自求"的，从事于教育工作的人只应当有责任，就是在青年自求的过程中加以辅助，使自求于前，而自得于后。

从班级到书院：一个崭新的学生社区

2010 年，北大附中高中部开始实行单元制，以全新的学生社区实体——六个单元替代了传统的行政班级和年级的划分。2012 年，学校将国际部的学生组成第七单元纳入整体规划管理。2013 年，单元改名为书院，明确将学生身份固定到书院。

七个书院分别被命名为格物、致知、诚意、正心、明德、至善、新民。

分别赋予橙、黄、绿、青、蓝、紫、灰七种象征色。

七个书院，七彩的书院色，各异的传统和风格，塑造北大附中多元丰富的校园文化氛围。

书院是由来自不同年级的高中生组成的学习和生活社区。在这里，学长学姐向学弟学妹提供指引，传递关爱，学生在书院中自主、自治地管理自己的事务，以此培养锻炼学生关注并解决身边公共事务的热忱与能力。

作为学生的行政组织，书院的意义在于"学生自治"：各书院自行制定章程，依据章程确定管理形式，民主产生管理机构。书院内各项事务均由学生自主管理，以此培养学生主动参与、沟通协商、承担责任、民主监督、自我管理等公民意识和能力。学校安排每周固定的时间和地点进行书院议事会。书院的公共事务不仅有书院自治会同学牵头运作，更要在每周的书院议事会上民主讨论，民主协商，民主决策。

学校还为各书院提供了公共活动空间——书院活动室。书院活动室分布于高中部的各个楼层，在教师的专业教室对面，有两三个教室大小，透明的落地玻璃窗，风格迥异的生活区。每个书院的活动室都是书院内部学生们自行设计装修、管理维护的，活动室同时也是书院文化传承发展的空间，照片墙、荣誉墙等多种形式体现书院历史和书院文化。活动室的设置既锻炼了学生对公共空间的管理能力，也为书院内部创造了良好的学习和生活环境，为不同年级学生之间提供了相互学习共同成长的平台和精神归属。

2014年，七个书院的学生根据各自的文化特点设计了书院盾。狮子、龙、蜂鸟、鹿、狮鹫、狼、独角兽，造型各异的象征物体现了学生们的奇思妙想，也承载了他们对于书院精神的理解和对于书院未来的憧憬。

格物书院是一个自信而不张扬的书院，正如书院色橙色，这里是一个温暖、和谐又不乏欢快气氛的大家庭，狮子是力量的化身，以一只遥望远方的雄狮作为书院盾的主体，正象征着格物人的自信和进取精神。同时其略带内敛的表情正符合格物书院低调不张扬的风格。格物这个温暖的家融洽着性格各异的每个人，就像雄狮周围的暗纹，虽各不相同，但首尾相连，雄狮仰望，正如格物人永远望着更高更远的地方，永不停滞前进的脚步。

致知书院的人个性鲜明，每个人都有很多擅长的方面和独特的优势，在这个集体中，大家可以优势互补，最终达到全面发展的目标，所以选择龙作为书院盾的主体。龙集多种动物的优点于一身，有象征宝贵的狮鼻，象征长寿的鹿角，象征勇猛的鹰爪，象征勤劳的马脸，同时，龙又像鸟一样翱翔天空，像狼一样不可驯服。致知书院也是一个热情、对一切充满希望的集体，因此在徽章上加上了代表热情的火焰和代表希望的太阳，标志顶端的皇冠，是对过去的传承和对未来的憧憬。

诚意书院是一个积极向上而又厚积薄发的书院，就像大自然中轻盈、迅疾、敏捷的蜂鸟。蜂鸟每秒可以振翅 15 到 80 次，但是却可以以 100km/h 的速度飞翔，这正是象征诚意书院的同学平时认真积累、刻苦努力、在关键时刻又能够绽放光芒。蜂鸟也代表我们灵动活泼，不断努力拼搏。盾牌周围的花纹中隐晦地存在三只小鸟，暗喻我们的前身是三单元，花纹中的植物

枝条也与书院色——绿的柔和相呼应，象征我们的兼容并包。

正心书院是充满着浓郁人文气息的地方。我们注重内在的积累和素养，而不只是表面的光鲜夺目。在各种动物中，把正心书院比作鹿最合适不过了，因为它没有龙虎那般的嚣张和霸气，更多的感觉则都符合那句被用来形容正心的话：它低调沉稳，它又满载荣光。除了鹿作为书院盾的主体，盾牌边框的浅色花纹与深色的内部背景形成对比，色彩的协调搭配，也更加彰显正心人的儒雅气质。正正旗旌，心斋志明，永永河清，存肆于勤。希望正心永存的解读和书院盾这个对正心精神意象化的表达，能使大家更好地理解正心、感受正心。

明德书院是一个能给同学们提供无限的空间去自由探索的地方，每一个明德人都会追随着内心的声音，去探索未知的领域。就像狮鹫一样向往神秘的天空，认为天上有那种比他们更加强大的存在，所以我们选择狮鹫作为书院盾的主体，渴望像狮鹫一样永远追求着更高的高度，超越更多的强者。盾牌边框的深蓝色是天空的蓝，是大海的蓝，是将所有明德人聚在一起的那一抹蓝，更加体现了明德书院的广度与深度。

至善书院是一个自由不羁、团结坚韧的书院，正如我们所选择的狼一般，他们很少出现在动物园中，自由才是他们的天性，旷野才是他们的归宿；但与此同时他们也擅长集体活动，纪律严明，盾牌边框用浅色的狼头与大量荆棘表现出即使环境恶劣，我们也可以适应环境，迎难而上，一如盾徽上的北极狼，至善人如长途跋涉的狼群，不会停下自己探索的脚步，永远向着未知的世界前进。

新民书院的盾徽中间是一只昂首挺立的独角兽，作为一个出国书院，我们将彻底离开父母的怀抱，去追寻我们心中的梦想，在陌生嘈杂的环境，我们需要保持内心的光明，坚持我们的初衷。独角兽是西方的神兽，神圣光明的代表，两者相互呼应，象征着新民同学对于追寻梦想的刚毅和对内心纯洁光明的坚持，这就是我们选择独角兽作为书院标志的原因。独角兽的四周环绕着树叶、柱灯、书卷和太阳，其中树叶象征着对自然的渴望，柱灯和书卷营造出新民人挑灯夜读的场景，象征着对知识的渴望，位于最下方的太阳，散发着光明，象征着我们对于自由的渴求。

书院的关键词：自由·责任·改变·自治

自由

致知书院的一位学生在招新宣传时给学弟学妹写了一封信，信中他言辞恳切地介绍了北大附中的自由与随之相伴而来的崭新的书院生活：

"现在的你刚刚初中毕业，也许还觉得自己需要很多像初中时那样坚贞不渝的友情、无微不至的叮咛，抑或是总能让你沾沾自喜的小成就。那么我现在要告诉你，到了高中，这一切都不会再那样轻易地给予你。在高中，曾经的依赖与怯懦会蜕变为独立与主动，曾经的亢奋与乖张会化作冷静与果断。你会慢慢发现，你所面临的学业、生活方面的压力已经不允许你再像个孩子一样退缩，你需要变得更加独立，也需要变得更加坚强。

"我想，可以用自由这个词来形容北大附中，在自由的同时，书院内同学们的自主能力也得到了锻炼。

在这里没有人会监管你、督促你，一切的计划需要自己来制订，一切的事务需要书院内的同学共同面对。

"在北大附中，书院的重要性是不可小觑的，她会给予书院成员们一份安全感和归属感。就像大雁也需要归巢一样，我们不论有多坚强，内心都渴望被关心、被需要。每一个书院都可以做到敞开怀抱给予每一位书院成员温暖，不同的只是给予这份温暖的方式。每一个书院都由不同性格的人组成，所以书院的文化也会是多元的。一个优秀的书院会让每一个人找到存在的价值，找到自己的归属感，而做到这些的前提就是给予每一位个体充分的自由。"

责任

当新生接到北大附中的录取通知书，就意味着开始了一段奇异的旅程。在七个书院中根据自己的兴趣爱好、性格特点以及将来的高考方向等不同的指标衡量决定选择哪个书院，这对于新生来说面临着选择的自由和困难，但是对于他们的学长学姐来说，则意味着一份对于书院的责任。

值得注意的是，每个书院的招新工作都是由学生而不是教师来完成的。也就是说，选择什么样的学生进入自己的书院，是学生自己做主。暑假之前，每个书院都会通过招募项目组的方式组成招新小组，招新小组的成员会根据书院建设的需求提出问题在网上发布给新生，审核人员参考新生对问题的回答和私下的了解，综合评价每一个新生的能力、态度等方面的情况，对于拥有较高水平的可以帮助书院发展的有专长的学生，优先推荐录取。推荐标准包括对本书院有一定认识，有明确的选择书院的理由，在回答时表达出为书院努力贡献的真实意愿等等。审核人员要对每一位新生做出推荐或不推荐的决定，通常来说，推荐数超过半数的新生直接录取，推荐数小于等于半数的新生将由现场的审核人员通过讨论决定是否录取。

在 2016 届诚意书院招新小组的总结中，可以看到学生对于书院承担责任的感悟：

"新一届的招新结束了，回想起去年我们有幸来到诚意，在过去的一年里书院也给予了我们很多，就越发觉得对于每一位新生都担着一份很重的责任，尤其越到最后，就越发觉得这份责任之重，好像每一个新生的未来都决定在我们手上。于我们来说，招新不仅是外人所看来的一定要选出最优秀的学生来到诚意，而更多考虑的是，诚意需要什么样的人？他来到诚意能否帮助到诚意书院的发展？决定录取或不录取对新生个人是好是坏？希望之后参与招新的学弟学妹也能考虑到这些问题。

"每个新生都有自己可以帮助到书院的一技之长。每届学生能力的高低、书院发展的好坏和书院取得荣誉的多少，不仅仅取决于新生自身，每个进入到北大附中的新生都像一张白纸，他们开始只会去效仿——自己的学长学姐做事认真他们就会认真，自己的学长学姐对事态度好，他们就会以好的态度对待之后发生的事，所以说学长学姐能否做好榜样才是决定书院发展的关键因素。"

改变

从 2014 年开始，北大附中实行了荣誉文凭制度。普通文凭和荣誉文凭都设了学业、艺术、体育、综合实践、合作交流五个参考维度，荣誉文凭实行申请制，鼓励学生独立申请争取，以评价引领学生全方位发展。获得首届荣誉文凭的正心书院自治会主席王智航，对于北大附中最深刻的印象是——改变：

北大附中不是一个随波逐流、因循守旧的学校，我们有独特的走班制，有成熟的学长团和学生自治制度。北大附中也在不断改变着，从最直观的课桌和体育馆的变化，到单元转变为书院，再到选课和绩点制度的变化，许多制度都在创新后不断地被完善。

在这样一所独具特色的学校当中，每个学生也都会做出相应的改变。北大附中的各种称号、文凭不是简单地由学校确定名单，各种职务也不是简单地由老师任命，学生不再简单地等待和被动地接受，而是需要自己去申请、论证，积极地参加竞选。在北大附中，通过展示自己的才能去获得他人的认可与赞许并不是为了炫耀什么，这更多的是去争取获得一个机会、一个平台去继续发挥自己的才能。

从最初跑完一千米就需要打肾上腺素才能摆脱生命危险，到后来每周二中午去跑步机上跑两千米；从不知道节奏为何物，到参加舞蹈节被称赞为"灵活小胖子"；从只写律诗，只填词牌，到尝试创作现代文万言小说并成功在《知行》上发表；从初中由老师直接任命当团支书，到通过自主竞选担任书院自治会主席，和很多人一样，王智航明显地感到在北大附中的生活让他自己的潜力被激发出来，整个人发生了很大改变。

改变不仅止于自身的进步和成长，还要对周围的环境和学校的制度发挥自己的影响力。从高一担任自治会副主席开始，王智航就尝试改变自己所在的书院。每一次书院活动的组织策划，每一次自治会例会的主持记录，每一笔活动经费的审查，足球告别赛的筹划，四大赛事的书院传承，经过了一系列基础性工作的积淀和由此产生的对于书院文化的理解，高二的时候他就大刀阔斧地实施了更多的计划：主持新一届自治会选举，主持建设书院活动室制度、财产制度、项目组制度，解读正心书院"正心永存"精神，尽最大努力去改变书院，为书院贡献自己的力量。

不仅和书院内部自治会成员密切合作，他还和其他书院自治会的负责人一起，和学校沟通，争取到了将自治会服务申请为社区服务项目的权限。这一项改变学校制度的举措，在一定程度上也实现了学校和学生之间的相互影响。

自治

在北大附中，学长团和自治会是两个最有影响力的学生组织。学长团是为学弟学妹传递关爱的组织，具有一种精神象征和文化旗帜的作用，而自治会则是需要切实承担起整个书院运转责任的那个组织。围绕书院内部和学校开展的大部分活动都是由自治会策划发布的。它不同于以往的学生会，学生会更多的任务是执行学校和老师的指令，而自治会则从一开始就贯彻了自治的理念，如何将学生的能力、意志和书院的发展有效地结合在一起，是自治会的重要工作。这一点，担任过自治会主席的学生有切身的体会。

在以"正心永存"为核心理念的原文科单元正心书院，2016届的自治会主席廖思涵以温和友善的行事风格为自治会营造了一个朴实亲民的形象，在她看来，友好地交流其实可以有效地沟通，最终做事情也能达到目的。在正心书院，主席统领整个自治会，主席底下全部是常任委员，以充分发挥每个人的作用，主席垂直管理制度建设小组（章程小组）和一系列的项目组。

在诚意书院，自治会是书院的常设性议事机构，分为常设委员和非常设委员，主要为议事会服务，每周讨论议事会内容，处理议事会上没有解决的问题，并负责主持每次的议事会。采用主席负责制，主席是诚意书院的行政负责人，拥有各部部长、项目组组长的任免权，同时也须对各项目组成绩、事务负责。主席及各部的工作受自治会监督，自治会可以在议事会上弹劾甚至提出罢免主席的议案，主席及各部也可将自治会的意见和建议在议事会上提出讨论。

在温馨欢脱的格物书院，学生们在自治会之外还创造性地成立了自监会，负责自我监督、管理、咨询和顾问。自治会成员升入高二之后自动转入自监会，运用自身的实践经验和年龄优势，为帮助高一自治会更好地开展工作保驾护航，提供制度性保障。

每个书院都从自身的文化特点和发展需求出发，采用了适合自己的组织架构，不断建立健全和完善书院的各项规章制度，逐渐形成自治和管理的有效机制。

在书院内部，每一届自治会都会有自己的工作方式和管理特色，他们也会根据实际需要不断进行调整，为书院建设贡献自己的才能和智慧。

真实的校园：书院自治与自由之路

　　长期以来，北大附中被贴上的标签都是"自由"。这是一个自由的学校，在传统印象中，这并不是一个好的评价，至少不是能够为大多数人所接受的评价。自由意味着自由散漫，放纵不羁，不受约束，不合管教，没有规矩，不成方圆。近年来被媒体炒作的关于雾霾天不用上课，学校允许学生谈恋爱等新闻，撇去了前因后果和具体语境，更是强化了人们的印象。自由变成了特立独行、标新立异、漫无边际、虚张声势的代名词。

　　这样的学校，真是不让人放心啊！

　　家长一定会产生这样的想法吧。

　　那么，究竟什么是自由？在北大附中的自由究竟是什么样的呢，倡导自由又是为了什么？

　　从新生入学教育看起。在北大附中，学生在一周的军训结束之后还要集中住到学校接受为期三天的新生入学教育。和军训一样，入学教育的过程中并没有教师参与，全程都是只比他们大一两岁的学长学姐来执行。在此期间，无论是用做游戏还是办讲座的方式，新生接受的教育除了熟悉校园环境，更多的是了解学校的各项规章制度。包括北大附中学生行为导引，很多具体的日常行为被划分为绿色通道、蓝色警戒和红色禁区三个部分，从一开始入校就清楚明白地告诉学生，在北大附中，什么样的行为是被倡导的，什么样的行为是有可能踩线的，什么样的行为是明令禁止的。

　　除此之外，校门出入制度管理办法以及北大附中生存法则等学校特有的章程和学生个性化的推演总结也在入学教育期间被作为重点内容提示给新生。在北大附中，学生拥有不穿校服的自由，相应地，由于校服被用来识别学生

心灵的成长，内在的探索，生命的感悟

一个阳光 正面 亲密的
同辈团体
本着纯粹的爱
为学弟学妹
提供适时适度的帮助

北京大学附属中学

现在的你
真的
准备好了吗

身份，不穿校服增加了对校园秩序的管理成本，在不用穿校服的同时，对于学校校门出入实施了更加严格的管控措施。由此也可以看出，自由不是绝对的自由，在享有自由的同时，也需要付出相应的代价。

在一次新生入学的家长会上，校长王铮在介绍中指出了在北大附中"自由"的实际内涵："北大附中的校园是真实的校园，所有的一切不是在条条框框的要求下摆出来，做出来的。在这里，不强调整齐划一，步调一致，强调的是个性，差异，多彩的文化。要让学生真实地遇到问题，遇到各种各样的情况，在成长过程中解决，在思考中提高认识。最不怕出现的就是问题。关键是在过程中怎么去面对，去发展好的，避免或者改正哪怕是接受不完美的。北大附中应该是学生成长的过程。"

在这里，一个自由的学校意味着学生真实地呈现和自在、自然地生长。

对于教育来说，这样的自由是至关重要的。很多教育家都对自由做出过阐述，法国的卢梭认为："教育是自然生长的过程。"美国的杜威则指出："教育即自然发展的一个实验。"在他们看来，给学生自由就是为他们提供机会，使他在力所能及和别人所允许的范围内，去发现什么事能做，什么事不能做，从而将孩子的体力和好奇心引导到积极的道路上去，自我认知也由此逐步建立。

意大利的蒙台梭利认为："自由就是活动。"活动是生活的基础，训练儿童活动就是训练他们生活，这是学校教育的正当职责。他说："合乎科学的教育不仅需要给儿童自由以搜集研究材料，而且自由就是教育真正的基础。"

对于教育理论家来说，自由对于教育是具有重要意义的，对于教育的实践者来说，对于直接面对家长和社会的学校和教师们来说，如何将自由的教育落地为一种可以看得见、摸得着，可以操作和实行的教育行为和管理手段，如何建立起一个科学有效并且又是丰富完备的教育教学体系来支撑这样的观念和理论，是切实的挑战和不容回避的责任。

在北大附中，书院制的实行与走班制的全面展开，可以看作是向这样的目标所做的一种积极的尝试和有益的探索。

当很多人说北大附中是一所特别像大学的中学时，校长王铮的回应是，我们没有想办一所大学，只是希望我们的中学不要像小学一样。

在王铮看来，义务教育和非义务教育在不同的阶段所承载的任务是不一样的。小学低年级就应该是家庭式的教学，一位老师负责教语文、数学、英语、音乐、美术各个课程，可以灵活地选择上课时间，灵活地选择上课地点，小学高年级可以采用传统的固定的分班教学，目的是建立安全感。初中应该让孩子有稍大范围的跨越，应该更开放一些，而不是仍然依赖家庭。高中应该允许学生有更大范围的跨越，积累社会生活的经验。

一般学生高中毕业时年满十八岁，成人了，变成公民了，需要肩负社会责任了。在此之前的高中阶段重要的任务就是要认识自己，了解他人，了解社会。学校应当教会学生独立地思考，独立地体验，独立地生存，同时也强调学会合作，让他们走出校门走入社会时，能够更好地融入社会，参与团队，融入集体。他必须要经历一个完整的过程，才有可能到十八岁成为一个合格的毕业生。北大附中就是朝那个目标迈进所需要经历的过程。

正因为如此，学校大胆地打破围墙，打破束缚，打破行政班级和年级的划分，建立了书院。这是一个全新的学生自治机构，它存在的意义是为了建立一个长幼有序、有一定管理和服从体制的简单的社会结构。

摆脱了班主任、学校以及更多成年人的约束，没有一个既定的核心，没有权威的控制，学生们被推到了最前台。他们必须面对现实的选择：他们自己要做什么，该怎么做？大家聚在一起组成了学生的社区，怎样才能够达成一致，怎样才能形成共识，怎样共同生活和实施管理？这都是学生自治的内容。

　　关于学生自治的内涵，陶行知先生曾经在他的一篇论文《学生自治问题之研究》中做了专门的论述，他说："学生自治是学生结起团体来，大家学习自己管理自己的手段。"从学校这方面说，就是"为学生预备种种机会，使学生能够组织起来，养成他们自己管理自己的能力"。他认为，学生自治不是自由行动，不是打消规则，不是放任自流，独立于学校之外，而是共同治理，大家立法守法，是练习自治的道理。

　　在陶行知看来，学生自治对于学校教育有非常重要的作用。它能适应学生之需要：因为办学的人定的规则和办的事情，由于不能设身处地为学生着想，难免跟学生实际产生隔膜。如果开放出去一部分让学生自己治理，大家有切身体验，定出来的规矩更符合实际也就更容易执行，执行起来更深入人心。

　　学生自治还能辅助风纪之进步。"我们的行为，究竟应该对谁负责？对少数教职员负责呢，还是要对全校负责呢？对大家负责，就是要共同自治。"

　　最重要的是，学生自治能促进学生经验之发展。他说："德育上的发展，全靠着遇了困难问题的时候，有自己解决的机会。所以遇了一个问题，自己能够想法解决，就长进了一层判断的经验。问题自己解决得越多，经验越丰富。若是别人代我解决问题，纵然暂时结束，经验却也被旁人拿去了。所以在保育主义之下，只能产生缺乏经验的学生，若想经验丰富，必须自负解决问题的责任。"

　　然而直到今天，这样的"保育主义"依然盛行。家长和社会对孩子采取的是过度保护的态度，什么都不敢让他去尝试，人们为孩子设计好，让他走一条最简便易行的路。在这种模式下培养，他的能力有可能退化。表面上看也许路会走得顺当一些，但其实不是他自己真正有能力走出来的，而是别人给他铺了很多的路，有太多的限制和管理；一旦当他自己需要面临选择时，往往会手足失措。

在北大附中，给学生充分的自由意味着学校选择的管理方式是把问题全部放开。从自由到自治，从自主管理到自我负责，都是一个成人的教育。在自由和真实的环境下，通过自治的办法，引导学生思考和判断，面对人生，面对社会，面对真实的自己，做出负责任的选择。

2013 年，北大附中将实行了三年的单元制更名为书院制。从单元到书院不是一个简单的名称的更替，其中的变化也传递了一种决心。从原有的一二三四数字单元到选取《大学》等经典文本的文化内涵赋予格物、致知、诚意、正心等具有传统文化底蕴的书院名，也寄托了对于优秀的传统教育理念更深层次的思考和面向未来的一种期待。今天很多人都会先入为主地认为，北大附中所实行的自由开放的教育方式是学习欧美教育并不适合中国国情，然而恰恰是这样一种自由开放、实事求是的教育，真正体现了根植于本土文化的创新精神。

事实上，书院经过千余年历史传承创新，形成了独具中国特色的文化教育价值取向与知识追求相统一的书院精神，在长期办学中也形成了与之相匹配的教育体制、管理制度和教学方法。担任过北大校长的胡适在《书院制史略》中就说过："书院之真正的精神唯自修与研究。"书院教育的显著特色就在于坚持学生在教学过程中的主体地位，倡导以学生为本，发展学生的学习兴趣和内在潜能，将教学过程看作是一个由学生本人独立认知、自我探索、发现知识的过程。

著名学者钱穆创办了香港中文大学的新亚书院之后也明确提出："本院一切教育方针，务使学者切实瞭知，为学做人，同属一事。在私的方面，应知一切学问知识，全以如何对国家社会人类前途有切实之贡献为目标。唯有人文主义的教育，可以药近来教育风气，专门为谋个人职业而求知识，以及博士式、学究式的为知识而求知识之狭义的目标之流弊。"

正如北大附中的培养目标所传递的理念，教育的目的在于促进人的发展，而不是知识的灌输。教育不是为学科服务的，而是要让学生成为对于社会能够独立担当、能够自主发展的个体。

从接到录取通知书选择书院开始，参加社团，自主选课，自己安排学习和规划生活。学校变成了一种新的生态，跨年级的书院，跨学科的课程，跨越时间和空间的约束，学生得到了前所未有的自由，但这自由是有限定的——有选择的自由，没有不选择的自由。

在北大附中的校园里，一切都要自己去争取，去努力实现，要主动发展自己，没有人包办代替。选择课表，选择团队，选择奋斗目标，最后的结果也是自己的。自己制定规则，自己坚守规则。通过实践和体验，让学生真正面对困难，面对挫折，面对真实的人生。

就像潘光旦先生在《自由之路》中指出的："自由的教育是与填鸭子的过程恰好相反的一种过程。自由的教育不是'受'的，也不应当有人'施'。自由的教育是'自求'的，从事于教育工作的人只应当有责任，就是在青年自求的过程中加以辅助，使自求于前，而自得于后。"

自由的教育，正是自我教育，将自我推向"至善"的境界。所谓至善，就是"自知者明""自胜者强"，"唯有能自明与自强的人，方才配得上说自由"。

书院：将一群人解放为一个人

在北大附中，很多事情都可以作为公共话题来讨论。在书院制实行了若干年之后，学校在校会上发布了一个作业，要求学生任意选择在校或者已经毕业的学长学姐做一个采访，关于书院制的利弊。学生们畅所欲言，其中有不少对于书院（过去称为单元）的思考和评价闪烁着年轻的智慧的火花儿，带给人启发。

　　——单元制不再像班级制会有一个固定的教室去框住大家，这当中是带些强制性地要求你们必须互相熟悉起来的。单元只是提供了一个屋檐，提供给所有人一个机会，让这将近两百个人在这个屋檐下互相沟通、交流，所以这个过程是需要主动性的。很好地锻炼、提高了我的社交能力。

　　——认识到每个人都是独立的个体。"本班的""外班的""学文的""学理的"这些标签被淡化后，看待其他人不再是"某一个群体里的某个人"，而是独立的有自己特点的个体。观念发生转变之后，就不会再纠结群体之间的亲疏异同，与人交往更"走心"了，接触不同人的眼光也能放得更广些。

　　——把附中的前两年与初中小学相比，造成心理落差更大的改革措施是取消了班主任和班级固定教室。班主任在凝聚班级上的作用不必多说，取消班主任，打通班级，就像是拆掉了一直围着绵羊的栏杆。栏杆给绵羊一份稳定的安全感，让它能近乎无条件地了解同一栏里的其他绵羊；拆掉栏杆，安全感没有了，自己要为自己找草吃，但敢于踏出领地的绵羊就能发现更鲜美的青草、更广阔的世界。取消固定教室也是一样，没有了属于自己的那间教室、那张课桌，就有机会不再局限于固有的"一亩三分地"，而去探索、使用开放的整个校园。附中的改革制度强制性地剥离了一些小的归属感，而给学生机会去接触更大的校园，拥有一份更大的归属感。因此，在附中，不同班级、年级、单元之间的隔膜相对要小很多，很多附中学生也愿意把自己称为附中人。

——书院制度使学生更早地脱离了班级制度的父母式教育，很多事情都要从头到尾由自己来安排，它很锻炼人对于大局的掌控能力，让人更加独立更加坚强。

——书院制让我感受了跨年级的那种凝聚力。每一次篮球、足球的训练，每一次舞蹈、戏剧的排练，每一次大家并肩站在球场上，每一次大家共同站在舞台上……我永远忘不了那种一起捧杯的幸福，一起谢幕的感动。在种种活动中，我深深感受到了书院对于同学们的凝聚，不论是高一还是高二，此时我们都属于同一个书院，为了同一个目标而努力。

——在书院制学校所选的课程可以接触到各个年级的人，上课讨论的时候会很有收获，因为大家是从不同的背景来，会有不同的见解；如果上课的人只局限在一个班级里，可能大家的观点也会慢慢变得都一样。

——曾经的单元制确实改变了我关注和参与公共事务的态度。开始关注小区的一些通知，开始思考小区规定究竟为什么要改变，这些改变到底合理不合理。如果合理我也会吸收其中改进的经验，并将其运用到今后自己的作业项目与生活之中；如果不合理，我会以自己的力量与自己的亲身经历来思考怎样让这个制度变得更加合理，如果有必要，我也会向小区居委会提供自己的一些建议或者一些具体的改进方案。单元制的治理方法使我更加关注社会了。

——每个人都能在单元中感受到自己的存在，都能感受到单元带给自己的东西，所以自然而然他们也会为单元付出。而这种付出，其实只要简简单单的就好，并不需要什么惊天动地的大事，大家伤心的时候我也伤心，大家快乐的时候我也快乐，我虽然是个小角色，但我的存在能让单元完整，我想这就是付出，这就是责任。在承担这些责任的时候，当然主要还是对于我的性格和认知上的提升，让我更加珍惜这种大集体中一环扣一环的快乐，体会到每个人的位置的重要性。这种快乐和平静在高中对我的人生影响很大。

——书院制相比班级制还有一个很大的优点，每个书院有自己一直传承的精神，这样的精神薪火相传，在升华我们的精神的同时无形中更是增强了我们的书院归属感和责任感，我们深深以自己是本书院的人而自豪，在外面也会自动维护书院形象和荣誉，这便教育我们对自己的言行负责，对集体负责；书院精神的传承使我们珍惜学长学姐们留下的光荣，在自己这届中积极发挥作用，努力将书院建设得更好，而我们之后又要将这精神传递给下一届，这确实大大加强了归属感责任感的建立。太爱这种传承。

——书院制将更多的权利交给了学生，有更多的事情可以由自己做决定，也有更多的机会可以提出自己的想法，真正做到了民主自治。

而与权利相随的是责任，需要为自己的选择负起责任，集体共同投票的决定要共同承担责任，所以这样的制度也培养了学生的社会责任感。

——书院制将一群人解放为一个人，每个人都是个性鲜明且富有思想力、领导力和创造力的，他们有能力去分辨、去思考什么是对的什么是错的，而不是一味盲目地听取别人所谓的意见和建议。

——对于高中生来说，这种微型社会的模式可以让我们收获更多，毕竟到了社会中，我们不可能还活在像天堂一般的小世界里。

——在书院里，我们既不用费尽心思去与三四十人全部建立良好关系，又时刻有着和百余不同年级的人密切交流的机会（如果计算由走班制带来的跨书院交流就更为广泛），使交友这个问题变得方便而又有挑战性，极大地锻炼了我们将来踏上社会时的人际交往能力。

——书院中大事自治、小事自理的管理方式为个人发展带来了巨大的空间，借由各书院自主创立且管理模式各不相同的书院自治会，来初步了解当今的社会现实和管理中遇到的困难，这也使我们对社会上的一些热点事件有了新的理解和看法。更重要的是，我们在这种环境下必须要时刻处理好公共事务和个人任务的关系，不能厚此薄彼。这些重要能力对我们以后踏上社会意义都非常重大。

——书院自治会用他们的制度，甚至他们自己的时间、精力的的确确为我们扛下了一部分学校待解决的问题。比如之前关于住宿条令和晚自习的制度，都是由书院自治会商榷大家投票决定的。正因为有了这个平台，大家可以更好地发表自己的意见。

书院制培养了我们看待问题时批判性的一面，也让我们养成了"发出自己的声音"的习惯。

——最简单地来说，单元就是一个小的城邦，我们都居住在这里，这个环境里就会有一些共同的利益，比如我们的活动室要贴一个什么东西啊，或者买一个家具要放到活动室里的一个地方啊，就是很小的事情和我们都有关的，但这个利益并不是金钱，而是这里的每一个事情和这个空间里面所有的人都有关系。

——每个人都是一个群体中自由的个体，可以发展自己的个性，找到志同道合的人。也可以在群体需要时，成为其中的一分子，为共同的目标努力。书院制同时为学生提供了自由和归属感。

——单元制让我在大学生活一开始便游刃有余，像老司机一样从容与淡定，而不像其他同学一样手忙脚乱，可以说是在节奏上帮了我吧。而且在人际交往方面，初中及以前的我并不是很喜欢主动地认识和接触一些人，而有了高中的经历以后，在大学这个思维碰撞更加激烈的地方，更能放开自己，主动地去和一些优秀的人交流，给我提供了不一样的角度和更加开阔的视野。

——进入大学时，我比同龄人要更早懂得这里并非老师至上。当权利交到自己手中时，我知道哪些是可以由我自己裁决的事情，例如学习安排，学生会事务。我认为书院制度最大的好处就是锻炼人的交

际能力，大学的班级制度更像是名义上的，附中的学生都可以在这里
打破界限拓展自己的朋友圈。

　　——人越年轻，越容易接受新事物，越容易向适合自己的方向改变。
它能帮助我们更好地适应大学生活，甚至是成为更优秀的人……一个
人如果不能在更早的时候改变，那么在日后就很难迈出第一步。

　　——我们有着自己的认识、自己的观点，这些思想方式或自主意
识的来源不是一个老师或是班主任的一句"你要独立自主"就会赋予
我们的。

　　我们懂得了自主不是自我，而是自治。我们懂得了赞同不等于顺从。
我们懂得了一种精神更好的载体应该是一个相对更开放的群体，而非
有着年龄限制后面跟着一个牧羊人的一群羊。我们懂得了要让别人听
到自己的声音，同时也要让自己知晓别人的想法。

　　任何人都无法在现阶段对这种模式进行绝对的判断，但我们不能
以现阶段看似"失败或是落后"的成果作为否定它的缘由。

　　我怀念行政班的制度，我也想回到一个班级中去。究其原因，或
许是想更便捷地请假，想让别人替自己安排好每天上什么课做什么作
业，想和一个不变的同桌度过一个怀旧的三年，一个一成不变的三年。
但是这种对于安逸的渴望会在我穿梭于各个教室走班时猛地刺激我一
下。渴望安逸，这是我们平时听见就会否定的字眼，但是它切实的存
在让我们无法否认。

　　或许依照一句话说，我们进入了一所最像大学的高中。

　　或许这也给了我们资格在几年后说这大学太像我的高中，给了我
们资格在几年后毫不犹豫地说我是某个书院的，而非在说出班级时却

在纠结自己是不是还该说高几。

　　总而言之，它不一定完美。它是书院，它是北大附中，它是我们每个人。

　　但它在努力变得更好。它是书院，它是北大附中，它是我们每个人。

文化传承
和性格密码

18

北大附中坚持不懈的实践探索不仅具有独
创性,也具有代表性。它给人的启示就在于:
立足本土,开创未来。

同伴教学法

行知学院研发岗的物理教师金文力在教学实践和研发过程中遇到一些新问题，想要寻找适合物理教学的新的课堂模式，他找到在北京师范大学读研究生时的导师张萍，张萍为他推荐了自己在哈佛大学访学期间专门研究过的同伴教学法。

同伴教学法是由哈佛大学著名的物理学教授埃里克·马祖尔教授创立的，最先应用于哈佛大学的基础物理课程中，他改变传统单一的讲授方式为基于问题的自主学习和学生之间的合作探究，经过十几年的使用推广，应用于世界不同国家和地区的小学、中学、大专和大学的不同课程。

这种教学方法最重要的特点在于鼓励学生合作学习，认为必须打破自我为中心的立场，在与他人的合作中了解不同观点和思维方式才能推进学习的有效进行。为此同伴教学法特别为学生设计了形式各异的讨论和合作环节，让学生有充分的机会参与讨论交流，通过共同解决问题，与他人的合作、协商和分享经验，形成对物理概念更丰富和深刻的理解。

在为埃里克·马祖尔出版的《同伴教学法》中文译本写的序言中，张萍特意引用了哈佛大学文理学院院长的一句话："我们的学生相互间学到的知识比从老师那里学到的更多。"

为了更好地理解这一全新的教学模式，金文力重回校园当学生，参加了埃里克·马祖尔教授在北京师范大学举办的讲座。

这位哈佛教授一出场就让大家感到耳目一新，他非常善于和观众沟通，运用各种道具，也设计了不少有趣的实验，将在场的所有人连接在一起，轻而易举地在教室中营造了一个学习场域，让每个人不知不觉地融入其中。在他的鼓励和兴趣的驱动下，几乎每个在场的观众都有机会和坐在身边的人组成小团队，即使是素不相识的人之间也展开了热烈的讨论。讨论的内容和结果其实并不重要，重要的是通过这样的方式改变了课堂形态，观众在积极参与的同时也切身体验了同伴教学法的魅力所在。

埃里克·马祖尔说，没有采用同伴教学法之前，一个概念给学生讲了三四次也不能得到有效理解，但是转为同伴教学法之后他发现，教学中不需要涵盖所有知识点，学生会在课堂外自己去读书，教师仅仅关注需要帮助的地方，而教学效果是之前的三倍。这就说明在今天的教与学的活动当中，信息的吸收同化和理解使用比信息的转移来得更重要。传统教育模式中花费太多时间在评估答案，实际上学生投入情感和智力的那个过程才是真正值得关注的。

哈佛教授的讲座给金文力带来启发的同时也让他感到似曾相识，教授的观点与改革进程中的北大附中所倡导的教育教学理念十分契合。

如果说同伴教学法是教师在课堂上采取的一种相对更为行之有效的策略，那么其中所传递出来的对学生之间相互教育以培养自我管理和合作的理念在北大附中走得更远。不仅是走班制和自由选课使得不同年级的学生可以在同一个课堂中交流学习，在一个教育共同体内部，年轻教师和资深教师之间、学生和教师之间都得到了几乎完全平等的对待。令人感到不可思议的是，在北大附中，任何学生都有权开课，而他申请开课的流程和他的老师是完全一样的。只要提交一套成熟的课程设计方案给课程委员会，获得通过后，一个高中生就可以理直气壮地登上讲台了。

至今为止，北大附中的学生们已经在校内开出了涉及模拟联合国、3D 建模、天文学和新闻采写等不同领域的课程，这些课程并不是兴趣小组之类的过家家游戏，而是起始课、过程性评价、终结性评价一样都不少的正儿八经的学段课。由于学校所倡导的开放平等的氛围和相对健全完备的机制，使得课堂上学生们面对和自己同龄的小老师时，表现出了超乎想象的尊重和认同，而这些小老师在面对和自己同龄的学生时，所表现出来的自信和认真也往往出人意料，他们在把握学生心理和课堂讨论等方面所体现出来的优势引人深思。

学长团的存在就是为了学长团的消失

在北大附中，同伴之间的相互教育和合作不仅仅体现在课堂上。从新生暑期报到开始，接待他们的就是学长学姐，当他们离开家参加军训，也是学长学姐和他们在一起。和其他学校都不一样的是，在军营里和新生朝夕相处，帮助他们解决实际问题，和他们共同面对困难的，是学生而不是老师。当他们想家时，当他们生病时，当他们住在嘈杂的集体宿舍中难以入睡时，当他们在同学中间受了委屈想要找人倾诉时，他们可以依靠的，也是学生而不是老师。

每天早晨出操前，晚上训练结束回到营地，都会有一群白衣飘飘的学长学姐微笑迎送："学弟学妹辛苦了！"一声齐刷刷温暖的问候响彻军营上空，让人增添无穷的动力，连军训的教官都感叹：这就是北大附中的文化啊！

这些和他们一样年轻的学生，来自北大附中特有的学生组织——学长团。

成立于 2010 年 4 月 29 日的学长团与走班制和单元制的改革相伴而生。按照学长团 2011 年的章程中的表述，它是一个由高二年级学长组成的向高一年级传递爱的组织。它的宗旨是："以真诚的心引领学弟学妹成长，以热情传承单元文化，以行动让北大附中精神代代相传。"

一个比较具体的任务是：让学弟学妹尽快适应北大附中的规章制度，为他们排忧解难，更要成为他们的榜样。给予悉心的关爱，与各方配合使他们努力达到北大附中学生培养目标，并在这一过程中锻炼自己，将爱传递。

对于外界来说十分新奇甚至毫无概念的学长团，在 2010 年之后进入北大附中学生的心中却有着一份特殊的地位，没有相同经历的人很难体会。事实上，学长团是这个学校带给他们的美好的第一印象，在日后的相处中他们逐渐融化为一种精神象征，一个文化符号。

在北大附中，学长团可以说无处不在。尤其是对于新生来说至关重要的第一步，是学长团带领他们迈过那个门槛。军训和入学教育的时间虽然并不算太长，但是第一次离开家，第一次进入一个新的环境，第一次面对一种陌生的生活和人群，学长团帮助他们适应这一切，在他们最茫然无助的时候，学长团给予他们精神的慰藉和切实的帮助。

在那之后，学长团也会以各种形式活跃在这个学校，发挥着他们的作用。他们的招新大会，他们的入团宣言，他们的团训、团服，还有学长团遗产，他们有一丝不苟的章程和丰富多彩的内部文化；在开放日、校友日，他们是志愿者，在心智培训上他们是助教，在校会上他们带领同学们高唱国歌，在高考季他们还会为高三学长送上全校同学的真挚祝福。

就像第六届学长团成员全宇同说的："你们来到新的环境，迎接你们的是热情张开的双臂，而不是冷漠排斥的背影。你们在未知的道路上摸索时，会有人为你们划亮一根火柴，而不是笑着看你狼狈的模样。何为传承？我们张开的双臂，是在期望你们能够转身拥抱身后的人。我们划亮的火柴，是在引领你点亮前方更为明亮的灯。"

这就是学长团存在的意义。

而这盏灯，其实也照亮了每一个学长团成员前行的路。

在传递关爱，传承北大附中精神，帮助学弟学妹融入学校的过程中，每一个学长团成员也收获了内心的成长。

这些年龄只有十六七岁的独生子女，在很多人的眼里还是备受呵护和宠爱的孩子，当他们面对只比自己小一岁的新生时，心中油然而生的使命感和责任感让他们瞬间长大。他们看待自己不再仅仅是一个被动接受别人教育和指导的未成年人，他们也要用自己的智慧和学得的经验来教育和指导新生。每个人都会珍惜这份来之不易的责任和使命，他们和学弟学妹之间建立了一种耐人寻味的新的关系：这里既有相互平等的友谊，也有年长同学对年幼同学的关心和爱护，他们希望在游戏和共同的学习中向比他们小的学生揭示出某些新的和引人入胜的东西，这就促使他们不断地学习，掌握新的知识和技能，同时也使得他们在不知不觉中把自己当作一个成人来对待。自信和自我尊重就这样在内心中蓬勃地生长起来了。

一个学长团成员这样描述迎接新生的那一幕，他说："我们就像秋天的农民伯伯迎来丰收一样迎来了新生们。"而第五届学长团成员周庭轩的描述更细致生动："从军训第一天我的学弟学妹们到篮球场报到的那一刻起，我就深深地爱上了他们。他们每一个人在我眼里都是特别的，都是可爱的。那七天晚上，是我最幸福的七个晚上。尽管每天睡得都很晚，尽管有时候做完活动很累很累了还要跑去开会，但是当我看到这些学弟学妹在活动时开心的笑容时，当我看到他们能在我的帮助下逐渐融入附中时，当有人热情地叫我学长时，我突然觉得一切的付出都是值得的。"

对于学长团的成员来说，当他们穿上团服，面对新生，当他们进入那个角色，每时每刻都在提醒自己，都在反思，他们总是感觉自己的工作是那样神圣，他们对自己的要求一丝不苟，正是在这样一丝不苟的付出中，他们学到了很多东西。

第六届学长团成员孙一凡说："我们在准备入学教育的过程中，更多的是在考虑活动本身：做什么活动，用多少时间，这项活动的意义是什么，等等，但是忘记了最基本的就是要和学弟学妹们交流。这种交流不是说温柔就好，和他们打成一片就好，而是要将心比心，想想当初我们刚刚来到这片沃土时，是带着怎样的心情，心中有什么顾虑；想想教课的老师们，他们是如何和学生交流的，什么时候该严肃，什么时候可以逗比一点；想想我们的学长们，他们是如何当一名学长的。"

除了经验的累积、思想上的成熟和实践能力的不断提高，学长团的每一个成员在合作中也获得了真挚的友情，很多人都不由自主地把学长团形容为他们的家，即便是离开学校多年之后，每当学长团团训的时候，他们都会不约而同地回到这个家，为新的成员加油鼓劲儿。

第六届学长团成员臧玉冰是个性格开朗、稳重宽厚的女生，在附中的六年当中让她感到最骄傲的事情就是加入了学长团，学长团为她展现了"人性中最善良的一面，在这个极其自由的学校得到了家的归属感与温暖"。这让她今后的路可以走得更加坚定——"因为它们早已转化为让我相信这个世界愈发美好的力量"。

一个毕业多年的学生曾经这样深情地表达："学长团，无论以后过去多少时间，都像是我少年岁月里白色衬衣袖口上的一颗闪着珠光色的纽扣，平和安稳地存在，不动声色地温柔。"

很难想象这个年轻的、只存在于极少数学校里的学生组织究竟影响了多少孩子的人生道路，但是毫无疑问，它的影响力与日俱增。在北大附中学长团内部有很多经典语录，其中流传最广的是当人们提起当年经常为学长团流泪的男生李秋池，他在学长团的好朋友说的一句话："为什么李秋的眼里常含泪水，因为他对学长团爱得深沉。"

被同学们昵称为李秋和金鱼的李秋池是北大附中第三届学长团的总学长，如今他已经是南京大学读社会工作专业三年级的大学生了。在他的大学同学中，不少人是调剂过来的，之前甚至都没有听说过这个专业，而李秋池完完全全是出于自己深思熟虑真心实意的选择。就是因为社工的一个工作理念是"助人自助"，这和他在学长团所感受到的精神如出一辙。正是在学长团，让他深刻地体会到真诚帮助他人是多么快乐的一件事，因此，高考填报志愿时，他义无反顾地选择了这个相对冷门的专业。

上大学期间，每次回北京他都要回北大附中，每次学长团有重要活动他都会坐着火车专程赶回来。虽然已经毕业很久了，一届一届新的学长团的学生他并不认识，但是他依然记着自己学长团的总学长的身份，好像他从来没有离开过。

在写给第六届学长团的信中他骄傲地回忆道："你们知道这所学校历史上除了学长团还有哪个社团可以在礼堂当着全校师生交接吗？当我作为新一届学长团的成员站在舞台中央，头顶黄色的灯光照在身上，暖暖的，也不知道是灯的热度还是自己兴奋的体温，我把这交接当成一次神圣的加冕，心中充满了自豪。"

他还专门给第六届学长团的总学长写了一封信，告诉他们"总学长是学长团的发动机和方向盘，提出目标确定方向的人"，同时还事无巨细地交代了当总学长期间可能遇到的问题和解决的办法，几乎是手把手地教他们，将自己的经验毫无保留地和他们分享。最后他还勉励他们："一代人有一代人的使命。每一届学长团，每一任总学长都是不同的，希望你们能为学长团注入新鲜的血液……不管怎样，未来你们一定能达到心中的目标，实现美好的愿景，这是我们共同的信念。"

正像北大附中高中部的教导主任周磊所说的：学长团并不是严格意义上的学生组织，它是一个联盟。这个联盟由七个书院的学长团小队组成，每个小队有各自的目标和行动方案，每个小队在各自的书院里也起着不可忽视的作用。当学长团在活动中闪闪发光时，不仅是校领导和老师们期待着，学长团的成员也同样在期待……学长团还不成熟，他还在成长的路上，还会遇到这样或那样的问题。但是，正因为前方有目标，路上有这么多人的期望，所以学长团不会偏离轨道，他会变得越来越好。

那么，学长团前方的目标是什么？学校和老师们对他们的期待又是什么？或者说，学长团在北大附中这所改革进程中的学校产生和存在的原因究竟是什么？

对于这一点，第二届学长团成员吴博石有深入的思考和独到的见解。吴博石对于北大附中学长团而言是一个有特殊意义的成员。他虽然不是总学长，但是从一开始就以超乎寻常的热情投身其中，他见证了北大附中班级制向单元制和走班制改变的全部历程，也见证了学长团从无到有的历史阶段，并亲身参与了学长团的章程起草、社团建设、新团员培训等等很多事项，对学长团他默默付出了很多，至今在包括李秋池在内的很多学长团成员的心中，他还有相当大的影响力和号召力。像李秋池一样，如今在南方一所大学读法律专业的吴博石还经常回来参加学长团的团训和其他活动，在面对一届又一届不断加入的新成员时他说：

"别把学长团的存在看得太狭隘，感觉只与学弟学妹有关。学长团的成员，在陪伴学弟学妹成长时，在自己的同辈中也应当发挥作用。我印象中有好多没有入选学长团的同学，到了高二一样在做学长团该做的那些事情，甚至比我们很多成员还出色。我一直记得他们，也感谢他们以这种方式肯定了学长团。

"如果这样的人再多一些，那该多好啊。如果真的有一天，高二年级的所有同学，都能够有这样一份学长意识，那么学长团自然是没什么存在的必要了。想着去为学弟学妹做些什么，去为北大附中做些什么，本就应该成为一名附中人的自觉行为。学长团只是一个倡导者、尝试者，而不是独断的组织——享有'传递爱'的专权。我常在招新大会上说：无论入选还是落选，只要记住为什么来到这里，你都有机会去付出，都有场合去关怀。"

至今他的一句话得到很多人的认同：

"学长团的存在就是为了学长团的消失。"

他说，这句话，描述的其实是一种理想。

自我教育

高中阶段，十六七岁的年龄，正是人生一个特别微妙的阶段，无论是青春期还是青春叛逆期，到了这个年龄段似乎都面临着重重困难，总是会莫名其妙地陷入一种迷茫、困顿或者惶惑。处于这个时期的孩子在身体、智力、道德各方面迅猛发展，独立意识也与日俱增，然而另一方面，他们的思想和经验都不成熟，有一种破茧而出的强烈愿望，但是每迈出一步似乎都难以掌握平衡，家长和教师在面对这个年龄段的孩子时也常常会感到力不从心。

苏联教育家苏霍姆林斯基在《给教师的建议》中写道："只有把教育和自我教育有机地结合起来，才能顺利地克服这些困难。"

这位有着丰富教育教学实践经验的教育家同时也给出了非常具体的措施："让少年去当低年级同学的教育者，是道德教育中最复杂、最不容易而又最重要的任务之一。自我教育就是从这里开始的：让一个人去关心另一个人，力求看到自己身上的好的东西在另一个人的身上表现出来。

"让少年去关心别人，要他在某件事情中把自己的劳动、智慧、意志和技巧的一部分贡献给别人……他们希望自己付出一定心血培养的小同学变得更好。这种愿望就是自我教育的最重要的源泉之一。教育的艺术和技巧就在于使每一个少年把这种愿望当成自己的精神需要。只有当一个少年在别人身上看到了自己的精神美的一部分的时候，他才真正地开始了自我教育。"

如果说学长团是帮助新生融入北大附中的催化剂，那么心智培训就是帮助他们建立自我认知和进行自我教育的加速器和助推器。

在北大附中，学生的心理建设是一个受到广泛关注的课题。围绕心理建设和心理辅导展开的活动有很多。由资深的心理教师主持的学校心理课程，为学生提供的心理咨询以及学生组织的心理社团等活动深入人心。教师会组织学生观看电影，分析人物的心理走向，也会带学生走出学校为自闭症儿童做义工；他们还为家长提供青少年成长过程中的心理辅导课程，帮助家长更科学有效地了解学生在这个阶段所遇到的问题和应对的方法。在高中部的书院建设中，心理教师全程参与，统筹规划相关课程，通过调研和辅导，密切关注和实时追踪学生的心理成长。

不仅如此，他们还联合社会力量自主开发了特色课程——心智培训和高考助推。

高一新生入学之后的第二个学期，在四五月份推出的心智培训和高考之前那个暑假一开始推出的高考助推，已经成为这所变革中的学校一个相对固定的项目。与其说是一门课程，不如说是一个短暂的假期和节日，学生们离开家一起住在学校，他们一起做活动，一起玩儿游戏，在温馨愉悦积极向上的氛围中探索内心发现自我。

多年致力于研发相关课程的天行健教育负责人陈晃在与北大附中的合作过程中认识到，对于青少年的教育，能力比成绩重要，而品质比能力更重要。教育应以学生外显和潜在的积极品质为出发点和归宿点，通过增加学生的积极体验，以培养学生个体层面和集体层面的积极人格为最终目标而实施教育。因此，整个课程采用的是体验式教学模式，以学生教育学生的方式，进一步唤起他们的自主意识。

为高一新生量身打造的心智培训是以火焰山、蓝丝带、背摔、报数、定向越野、给盲人导航等一系列不同活动引发学生探索内心的思考。类似拓展训练，又像是郊游远足，旅途中经过不同站点，欣赏不一样的风景。来自不同书院的学生在为期三天的集体生活中组成不同的临时团队，大家同心协力面对各种挑战，分享彼此的内心感受。

一个学生说："对于实行书院制的北大附中来讲，心智培训给我们提供了一个平台，让各个书院的同学能够互相认识，互相了解。当我们与陌生的同学组成一组，敞开心扉，很容易就成了朋友，这种友谊会延续到心智培训之后的很长时间。"

有的学生将心智培训的教室比作舞台："这个舞台上，没有人戴着面具，只有一张张真诚友善的面孔。在这里，平日的委屈，人与人之间的误解，都注定消失在一片热烈的诚挚气氛中。"

有的学生发现了别人的进步："很多平时不是很活跃的同学能够上台分享，使他们有勇气去挑战自己平时不太敢做的事，所以是心智活动给了我们机会去挑战自己。"

也有的学生对自己提出了更高的要求："我是一个常活在自己世界里的人，想法很自我，目标很自我，心智训练中和队员坦诚的分享和交流，让自己了解到平时的状态和缺点，这是一个难得的沉淀的机会……希望以后可以多关注和帮助身边的朋友，有更多的担当，不单是为了享受成就，应该学会带领团队，承担身上无形的不易察觉的责任。"

在心智培训中，负责引导整个活动的只有一名被称作教练的成年人，在整个现场服务和提供支持的最主要的力量还是学生。一场活动有十几名到几十名不等的助教，助教团的成员都是参加过心智培训，愿意为新加入的同学服务的学生。

一名助教表示："曾经自己作为学员，对于一个完全陌生的活动，充满的是好奇，以及直面内心情感的一份触动。而今年作为一个旁观者和引导者，已经熟悉了所有的活动，身上所承担的更多的是一种责任感，一种真心希望他们能有所收获的期盼。从他们的身上，我看到了曾经感动的自己。"

像学长团一样，助教们在提供服务的过程中也经历了一个自我反思和学习的过程。从当初的受教育者转换角色参与到教育行为当中去，这使得他们的感受更加丰富，成长也会更加迅速。一个助教在完成训练之后反思："原本我想在活动中用自己满腔的热情把一切都充斥，却没有理解也许更多时候助教应该做的是不言不语的尽责与沉静安稳的陪伴。我需要明白自己的职责所在，需要拥有适应不同角色的能力，需要用性格中不一样的各个方面去配合我所处的环境和位置，用最适合的姿态迎接挑战。"

不同的角色会带来不同的感悟。他们在观察生活和实践体验中所获得的内心提升也令人感动。一个助教这样描述自己的工作："会务助教是活动中在最下面做基石的人。他不像带队助教可以有很多机会直接观察到学员的成就，尽最大努力献出自己的帮助；会务助教是默默的旁观者，虽然体会不到直接帮助别人的快乐，但是能有机会见证别人的幸福和成长，也会有一种成就感。"

和心智训练相比，专门为即将升入高三的学生准备的高考助推更像是一场简单而隆重的仪式，告别丰富多彩的高中生活，面对必须完成的高考任务的重新出发。有别于一些学校的誓师大会，高考助推不是集体喊口号和悲壮地写下军令状，这一次出发依然是从心出发，面对高三、面对高考、面对未来，培养自信心，树立清晰明确的目标，规划高三生活，用梦想激发学习动力，激活参与高考的奋斗意识，带领自己走向成人。

两天的活动也许并不能给学生带来什么翻天覆地的改变，但是在潜移默化之间，会有一些特殊的感悟。仪式的意义有的时候就在于仪式本身，当他们以视频的方式回顾一路缤纷走来的高中生活，看到熟悉的老师和同学们的笑脸，看到成长的脚印和每一步留下的欢乐，就会唤醒内心当中对人生一个美好时期的珍惜和对未来的无限憧憬。

如果说活动中最感人的仪式是向高中生活告别，那么最鼓舞人心的就是大学门和成人门的仪式。当学生们入场时，刚刚毕业上大学的助教们穿起了成人的礼服，象征着一个新时代的即将来临。更重要的是，这些年轻的成人会在仪式上为学弟学妹分享自己一路走来的经验和教训，如何备战高考，如何选择专业，如何收拾心情整装待发，如何披荆斩棘坚持到底。他们以切身的体验和感受帮助新一届的高三学生更清晰地了解高考的来龙去脉，去除对未知的恐惧，每个在场的学生都会从中获得前行的勇气和奋斗的动力。

"对我来说最有帮助的是学长学姐的经验分享，他们有过低谷、迷茫，但是他们及时找到了应对的措施，帮助自己重拾信心和力量。他们的经验是宝贵的财富，让我少走了一些弯路。但最终一切还是要靠自己，自己的努力才是实现目标的关键钥匙。"

　　"原来我以为高三只不过是又一个新的学年的开始，只不过比前两年再辛苦一点，但是通过高考助推才发现并不是那么一回事。学长们都是学霸级的人物，他们仍坦言自己的高三过得十分艰苦，如何刷题，如何听讲，如何考试，如何自我调整。资历再高，能力再强的人没有吃苦努力的付出，不会得到别人十分之一的建树。"

　　"作为一名插班生，助推前我本来是一个人都不认识的，但现在，助推即将结束，我感觉和团队里的每一个同学（包括助教）都紧密相连。我们知道了彼此的生日，知道了彼此执着追求的梦想。学长们曾经的高三，同学们的昂扬斗志，都在不断地激励着我向上的心，让我明白，我不是一个人在战斗。"

　　和学长团、心智培训一样，在参与教育的过程中，在给予经验的同时，这些已经考上大学的年轻助教也经历了一个自我教育的心路历程：

　　"自从去年以学员的身份来参加高考助推，我就已经打算一年以后来当助教，我想把自己的喜怒哀乐，尤其是成功的经验分享给学弟学妹。然而很遗憾，在高考中我与理想学校擦肩而过，但是，我仍然决定来当助教，失败的教训一样可以分享，可以帮助他们；看到他们的激情以及对未来的希望，我仿佛看到了当年的自己，我不希望他们再有人像我一样，眼睁睁看着理想从指缝中溜走，因此，我才会来到这里，用心去给予最大的帮助，真的只有一个简单的愿望，就是他们可以通过我的帮助，增大实现自己梦想的概率。"

　　"经过这三天的活动，我感受到了附中所赋予我们的能量，感受到了学弟学妹们昂扬的斗志。自从高考结束，生活似乎陷入了僵局，电脑电视充斥着每一分每一秒，也觉得很枯燥无聊。但是来到这里，看到这么多的人都在为自己的梦想努力着，看着这么多人都在困难面前坚持下去，我坚定了大学生活的计划——要转专业或者修双学位！也许这对普通大学生来说十分不易，但是作为一个附中人，我能做到！学长学姐说过，不出北大附中，你永远不知道自己有多优秀。我想现在我知道了自己是个优秀的人，我可以做到我想做的事情。"

"这是第一次收到来自学弟学妹的赞美。表面看起来开朗阳光的我其实在内心并没有大家想象中的那么自信，而是非常渴望得到他人的认可与支持。当学弟学妹说，你能特别好地代表附中，附中人就应该是你这样的，我的眼泪哗地就下来了。我从不知道自己竟然可以如此深刻地影响别人，我也被他们的鼓励深深地感动着。"

"经历了两期助教，我再一次感受到了团队的力量，也正是这种力量吸引我从外地回到北京下了火车直接奔赴学校做助教，在集体中的感觉真好。"

这些活动的意义正如一位参加过心智培训的家长有感而发做出的评价：

"摒弃说教，让学生在游戏、互动中体验，对一个孩子来说，'责任感'应该伴其一生，这实际上是最需要的，也是很有远见的做法。孩子们需要在忙碌的学习生活中停下来，仔细地想想作为一个'准成人'应该在社会中扮演什么角色，应该有怎样的担当，这对他们的未来会产生至关重要的影响。"

文化传承：长大后我就成了你

"未来的一年，我会永远和你们站在一起，陪伴你们，为你们服务，我最大的快乐就是看到你们实现梦想。我爱你们！你们都是好样的！"

这是高考助推结束后一位助教写给她的学员的信。

这个助教的名字叫吴蔚。

像大多数助教一样，吴蔚也是北大附中的毕业生。和其他助教不同的是，她现在的身份是北大附中的教师。当年她在北大附中上学时是全年级出了名的学霸，至今她的中学同学提起来还是赞叹不已。在众多尖子生组成的理科实验班里，这个女生几乎每次考试都拿第一。高考的时候她以优异成绩考上了北京大学生态学系，在北大读了本科读了硕士之后，她做出了一个让很多同学感到意外的人生选择——回北大附中教书。

她和来自众多名校拥有同样高学历的求职者一起参加了当年的入职考试，依然名列前茅。在那之后，她如愿以偿地成为母校的一名教师。

吴蔚在北大附中开设过的课程有很多，文化地理、历史地理、生物地理、理论生态学与建模、性别研究，讲过林传甲的《中国文学史》，带过学校的文学社团，甚至还在课堂上教学生怎样做汉服。她开这些课程并不是想要为自己争取多大的发展空间，纯粹是出于个人的兴趣爱好和知识积累，想要把喜欢和珍视的东西毫无保留地教给自己喜欢的学生们。

当年的学霸可不是苦大仇深地死磕出来的，不仅头脑聪明，她还博览群书，涉猎广泛，必须强调的是，当年高考她是北大附中的理科第一，而其中语文的单科成绩达到了全海淀区的第一。和人们通常想象中的理科女不一样，她对于中国传统文化的爱好达到了痴迷的程度。不仅熟读传统经典，甚至一年四季身上穿的衣服都是自己买布料、自己设计、自己裁剪缝制的传统式样。

这位年轻的老师以她独树一帜的风格受到学生们的热爱，她在高中楼一层的专业教室也成为学生们最爱上自习的地方。没课的时候，他们不去安静的图书馆，也不去热闹的书院活动室，三五成群背着书包来到教室，看看书，聊聊天儿。

每当这个时候吴蔚就坐在一边的长椅上看她的闲书。有的学生会跑过来和她谈心，他们抱着她心爱的各种毛绒玩具，和她讲心底里的悄悄话。失恋的时候，受了委屈的时候，考试不顺利的时候，即将高考选择专业的时候，他们都想跟她倾诉，想要听到她的意见。

他们亲近她，也崇拜她。在她的教室里，永远弥漫着一种让人感到安心和温暖的气氛。只有短短五六年的时间，从成绩优异的学生到广受学生欢迎的教师，角色转换之间她显得游刃有余。没有什么秘诀，当初之所以选择回学校教书，就是因为自己心里有一个最好的老师的形象，因为这个老师，她对北大附中的感情日渐深厚，也因为这个老师，让她相信教师是一个充满希望值得期待的职业。

人家问她你为什么回来当老师呢？她会反问人家：你听过那首歌吗——《长大后我就成了你》？

> 小时候我以为你很美丽，领着一群小鸟飞来飞去。小时候我以为你很神气，说上一句话也惊天动地。小时候我以为你很神秘，让所有的难题都成了乐趣……长大后我就成了你，才知道那间教室，放飞的是希望，守巢的总是你。长大后我就成了你，才知道那块黑板，写下的是真理，擦去的是功利。才知道那个讲台，举起的是别人，奉献的是自己。

20世纪90年代春晚上唱响的这首歌表达了学生对于老师的憧憬，每个孩子都有过类似的憧憬，但并不是每个孩子长大以后都会成了那个你。

在吴蔚心中，那个美丽的、神气的、神秘的"你"，那个给了她真诚温暖的少年时代，在人生道路上一直引领着她的"你"，就是她中学的班主任于璇。

和吴蔚一样，于璇也是北大附中毕业的学生，中学毕业以后她被保送读了师范学院，之后就顺理成章地回到附中当了一名老师。于璇的中学老师是北大附中赫赫有名的数学特级教师周沛耕。这位远近闻名的大师级的中学老师上起课来不拘一格，连公开课都不会考虑时间问题。像他一样，他们那个时代的很多北大附中的老师都是一群专心钻研学问的知识分子，对事业无限执着，对自己的学生又从来都是爱护有加和平等相待。

这样的言传身教给了于璇很深的影响，以至于她读师范时，对于学校里教导的一系列关于如何恪守教师的行为规范条条框框的东西感到遥远和陌生。回到北大附中教书让她如鱼得水，从前的老师成了同事也让她感到十分神奇。这个校园与众不同的文化让她得到滋养，当年她的老师怎样对待她的，她也就怎样对待自己的学生。

如今，于璇已经是生物特级教师了，她同时还担任着北大附中元培学院的学院长的职务。像当年她的老师们一样，她的大部分时间和精力除了投入教学一线和学生们在一起，就是在坚持不懈地钻研业务。对于学校的一系列改革尤其是课程建设她也投入很大热情，每一次全校的教研活动她都积极参与。脱胎于竞赛单元的元培学院有着与众不同的教学风格，强调教师们自主开发课程，于璇对教师也像当年对学生一样，给他们宽松的环境，无条件的信任，营造浓厚的科研氛围，让年轻老师们的才能得以自由发挥，帮助他们更好更快地成长。

像吴蔚和她的老师于璇一样，北大附中还有很多毕业以后又回到附中的教师。他们当中有不少是名校毕业，学历很高，有的在国外读过书，但是走了那么远，最终他们还是选择回到当年的起点重新出发，与其说是教师这个职业的感召力，不如说是北大附中这个地方的吸引力。

正是因为有了他们的回归，才使得北大附中的文化和北大附中的精神得以一代代传承下来。也使得这个只有五十多年历史的学校，能够以一种鲜明的个性和独特的风格在充满了名校、老校的海淀区和北京市拥有属于自己的一席之地。

最初在 20 世纪 60 年代，北京大学接管了一所普通中学并把它改建为自己的附属中学，目的是为了解决学校教职工的孩子中学上学的问题，北大特意从相关学科的院系精挑细选调配了一批年轻优秀的助教进入中学增强师资力量。与此同时，由于很长时间附中的生源一部分来自北大子弟，使得这所学校与北京大学之间的关系千丝万缕，血脉相连。在这些进入北大附中读书的北大子弟中，张思明无疑是最优秀也是最有代表性的一位。

这位特级教师、数学名师是在北京大学校园内大师云集的燕南园度过中学时代的，他的父亲是北大中文系的教师，他家的邻居是北大中文系著名教授林庚先生，在燕南园生活的还有周培源、冯友兰、王力等很多著名学者。在这样的环境中耳濡目染，使得张思明从小就热爱学习，多才多艺。然而在十三岁时他遭遇了人生重大变故，小小年纪毅然承担起家庭重任。

从 1975 年高中毕业之后留在北大附中教书至今已有四十多年的时间。经历了时代变化和命运波折的张思明，始终感念附中的老师们在艰难岁月里支持他鼓起勇气，坚定信念，面对生活。留校任教之后，他也遇到了很多支撑他成长和发展的老师，颜同照、陈剑刚、孙曾彪、董世奎、周沛耕这些中学数学教育界的名师对他悉心指导，他们对于数学学科独到的见解和治学理念开拓了他的眼界和思维，他们对学生和年轻教师平等亲切、宽厚信任的态度，更让他在教育教学的路上充满了坚定的自信和无穷的动力。

1981 年张思明在职参加了高教自考，1985 年他获得北大数学专业本科毕业证书和理学学士学位，1989 年公派日本研修，1991 年回国之后他又在职读首都师范大学数学系学科教学论方向研究生课程，1993 年获得硕士学位。同年他开始尝试在中学开展数学建模的科研实践与探索，很快成为这个领域的领军人物。1998 年，年仅四十一岁的张思明被评为数学特级教师。

1999 年他受邀参加了国家高中数学课程标准的研制工作，并成为教育部高中数学新课标研制组的核心成员，主要负责数学应用和数学建模的课程标准和相应教材的研制。在教育部组织的新课程国家级培训中他发挥了骨干作用并做了多场专题报告。在深入教学一线的同时，他还一直追踪新课标的实施状况，从科研角度不断思考实施中的问题，与各省市一线教师及时分享交流经验。

当年他在北大附中的同班同学中有一多半在国外，那个时候他就下了决心，要通过努力证明留在国内一样可以做出一番成绩。后来公派日本留学的经历让他的思想意识有了进一步的提升，他想要真正承担起教育学生的责任，让中国人站起来，不再让外国人看不起。他强烈地感受到自己对社会、民族的一份责任，要让更多的孩子成为学校的骄傲、国家的骄傲、民族的脊梁。

这让他对自己的职业有了更深层的思考，一方面，他认为数学不再仅仅是思维的体操，而是更广泛渗透于日常生活中，身为这个时代的数学教师，需要加强学生们在数学应用能力方面的培养，让他们充分感悟这个学科的价值和魅力；另一方面，他又要求自己跳出学科之外进行教育，在学科内外自如转换，尽最大努力挖掘学生的内在动力，给予他们更大的发展空间。

多年以来他负责年轻教师的入职培训，虽然他有太多的成功经验，也有足够的资格成为别人的榜样，但他依然鼓励年轻人走自己的路，不希望他们复制自己。他说老一辈的经验只能作为年轻人成长路上参考借鉴的方式之一，对待年轻教师要充分尊重他们个人发展的意愿，从他们最想做的事情做起，把他们个人价值的实现和学生的发展紧密结合在一起。

尽管在人生道路上历经磨难，但是张思明深藏于心的始终是那些温暖的记忆。他记得在十三岁遭遇大变故时老师是怎样抱住他告诉他"从此你就是个大人了"，他也记得在之后的求学和工作过程中北大附中的老师们对他的言传身教，他记着每一届学生和他相处的快乐，记着这个学校给予他的点点滴滴。

当年陶行知说，捧着一颗心来，不带半根草去；张思明说，用心做教育。

非典期间他到电视台辅导空中课堂，汶川地震后他带领教师们亲赴灾区给高三师生送去实际的教学支援。面对孩子们求知的渴望和崇拜的眼神，他们却主动退下讲台，为了树立当地教师的威信，他们选择辅导教师而不去直接辅导学生，因为他知道，等他们走了，真正陪伴学生的还是当地的教师，他们的付出和牺牲值得敬重。

苦难使他特别珍惜美好，也懂得设身处地为他人着想。他是特级教师，是北大附中的副校长，如今又兼任另一所学校的书记，但他为人处世始终低调谦和。从小长大的文化环境的熏陶和附中老师们对他的教育让他和任何人都能平等相处，不管是作为老师还是作为领导他都很少发脾气。但是有一次，他看见几个年轻教师不知道为什么爬上了正对着学校西门草坪上那块写着北京大学附属中学八个大字的石头，他狠狠地批评了他们。很多人并不知道他曾经采访过当年的校友，对他来说那块校友捐赠给学校的石头不是普通的装饰，那上头镌刻着学校的历史，一代人的青春和伤痛。

在附中毕业的一届届学生眼中，张思明就像那块石头，有他在，附中就还是当年的那个附中。或者说他也是一个继往开来的人物，他身上承载着附中的历史和文化，他也参与创造附中的现在和未来。

每个学年结束的时候他都会在致蕙礼堂给学生颁奖，那是八九届毕业生自己创立的启明奖学金，奖给那些遇到挫折仍然矢志不渝顽强奋斗的学生。在这些孩子身上，他能看到自己过去的影子。

每当这个时候，他也会想起自己当年的老师们。那些从北大各个院系抽调出来当中学老师的优秀的大学助教，从一开始就把北大附中当作自己发展事业的基地，无怨无悔地将青春和智慧全都奉献给了这个学校。尤其难能可贵的是，那一批老师将北大的学术风气带到了中学，他们在课堂上启发学生开创性思考问题，他们的目标不是仅仅为了辅导学生在高考中取得优异成绩，而是要带给学生深刻丰富的精神世界和求真务实的科学思想。

北大附中永远的性格

北京大学法学院教授尧国平是北大附中第一届毕业生。当他应邀回到学校为年轻的学弟学妹讲述历史时，他充满深情地回顾了附中所给予的最可宝贵的财富。他说："北大附中不仅传授给我们知识，奠定了使我受益终身的学业基础，更重要的是培育了我和我们那一代校友树立起立志高远、自强不息、奋发有为、报效社会的人生态度。我们的信念情操和人生设计就是在这片校园里开始形成。当四十多年后回味人生，蓦然发现，原来北大附中是我们心中永远的精神家园。这是在社会实践和个人的生活经历中体验出来的。"

当年中学毕业就赶上了上山下乡，尧国平和他的同学们一起告别父母，告别城市生活，奔赴穷乡僻壤，边陲荒原，扎根边疆，屯垦戍边。在北大荒当知青的十几年，他从来没有产生过畏难情绪，也没有自暴自弃，随波逐流，怨天尤人，虚度年华。

在那些离乡背井的蹉跎岁月里，支撑他艰难前行的不是别的，正是北大附中培育的人生态度。凭借着在附中打下的坚实的知识基础，下乡十年坚持不懈的自学，在 1977 年恢复高考的第一年他脱颖而出，以黑龙江省第一名的成绩考上大学，之后又以同样优异的成绩考入北京大学法律系攻读研究生，毕业后留校任教。

几十年来，这个学校不断地为社会输送人才，他们成为社会发展的中坚力量。每一届从这里走出去的学生在回顾这个学校时，也都是怀着同样的自豪和骄傲的心情。

1988 年，新浪的汪延还只是北大附中的一名高中生。一次政治课上，老师给他们布置了一个任务，说全区学生都要用一周时间完成一篇大作文，要根据家庭实际情况，把 1978 年到 1988 年这十年间的家庭收入变化、生活水平变化（特别是像电冰箱、电视机这样的家用电器以及自行车的拥有量和住房条件的改善）配合具体的数据描述出来，最后还要附上一个直方图，横轴是时间，纵轴是财产，用以说明改革开放十年间所取得的成绩。

放学以后，汪延和几个在其他中学读书的好朋友展开了激烈的讨论，最终，高中生汪延按照讨论的思路动笔了。

在洋洋洒洒的三页稿纸上，首先，他声明，宪法保护每位公民的隐私权，因此他们有权不披露这些涉及家庭隐私的数据；其次，他肯定了这十年来生活水平的巨变，但同时又指出了正是这十年间全球范围的科学技术以前所未有的速度发展，许多家用电器的普及甚至个人电脑的普及是在全球范围内发生的普遍现象。在他看来，应当用中国的数据和西方发达国家的数据做比较。如果增长率超出别国的增幅，经济水平与西方发达国家的经济水平之间的差距缩小，这才是最有说服力的证明。

由此高中生汪延得出的结论是："要更多地看到与发达国家在众多领域里的差距，从而激励我们努力学习，去填补这个差距，为国家创造更美好的未来。"

怀着忐忑不安的心情，汪延把这篇没有按照要求完成但却是经过实事求是的深思熟虑，并且立意更加高远的作文交给了政治老师。很快成绩发下来了，让他没有想到的是，他的作文虽然没有按照老师的要求写，甚至可以说是反其道而行之，老师却给了他一个大大的"优"，然而另外两位和他一起讨论的朋友就没有那么幸运了，他们将同样风格的作文交给自己所在学校的老师，得到的成绩和他完全不同。

这个有点儿戏剧化的经历让他深刻体会到北大附中的与众不同之处。正是在这样与众不同的学校里度过的中学时代，赋予了他"不愿意随波逐流、人云亦云的性格""敢于挑战权威、大胆尝试的性格"和"积极参与、关心社会的性格"。多少年之后回忆往事汪延充满自豪,他说:"这样的性格,正应该是'我们北大附中永远的性格'。"

要了解北大附中性格的成因,当然首先需要了解北大的性格。1998年,北大百年校庆特刊上有一篇文章就是写的这个题目——《大学气象:北大性格素描》。这篇文章的作者是毕业于北京大学,之后留校任教的北大经济学院教授王曙光,文中引用了鲁迅先生的名言"北大是常为新的,改进的运动的先锋"点明这个学校奋发创新的性格特质。

作者同时强调:"北大确实是散发着独特气质的一块土地。独特并不意味着一种优越,一种自以为是,独特只是代表一种与众不同,一种卓然不群的特色。"

对于这种独特和创新的特色,王曙光也做了深入透彻的分析解读:"坚守学术真谛,鼎立学术民主,以宽容坦荡的精神整合时代思潮的多元主义存在,以自由民主的心态融合中西文化的菁华,于精辨慎思中取舍,在博取广收中扬弃,这就是北大学术民主的精神。不因循守旧、永远求新创造的校格,兼容并包、宽容博大的学术精神,是构成北大性格最牢固的基石,也是全部北大文化的出发点。"

2010年北大附中五十周年校庆,老校长夏学之将自己的前任孟广平校长的办学理念总结为"将'兼容并包、学术自由'的北大精神在附中发扬光大"。夏校长当年给自己的学校定位为"附中就是北大的附中",认为学校是培养人的地方,不是生产产品的工厂。他提出了"打好基础,提高能力,培养志趣,发展个性"的十六字指导方针。在1980年到1984年担任代校长和1985年到1992年担任校长期间,他迎来了北大附中历史上最辉煌的时代。

在辉煌年代里北大附中的校长和教师们并不以高考为目标,让他们引以为荣的不是他们的学生中出了多少状元,而是他们的学生思想活跃,富于理想,敢于质疑，勇于创新。学校注重的是学生综合素质和个性特长的发展，对教师也很少做这样那样的限制。他们想方设法调动教师的积极性，要求各学科的教学都为发挥学生主体性作用和展现他们的创造才能提供舞台。这种风气和环境给教师带来极大的创造空间，也为培养独立自主的优秀人才奠定了基础。在夏学之眼里，北大附中是一个"有思想、有见解、有个性"的学校。

他当年的学生、后来的年轻同事，2009年成为北大附中校长的王铮对自己读书时代的中学的评价是："有精神的学校，有追求的学校，有个性的学校。"

2014—2015学年结束的那个暑假期间举行的课程建设研讨会上，有教师问王铮："你提出的培养目标和当年你在北大附中当学生时学校的目标有什么不同？"这时候他更愿意把问题抛给他在附中多年的老同事中那些和他一样在这里读过书的人。因为他们见证了附中发展的不同阶段，他们了解这个学校就像了解自己身边一个最熟悉的亲人。在他们看来，今天北大附中的改革为学校注入了新的活力，带来了新的气象，同时也将学校原有的特质发挥得更加充分，从制度上给予了系统性的保障和建设。作为北京大学的附属中学，这个学校独具特色的校园文化和发展历史也为今天学校改革的顺利推进提供了强大动力和坚实基础。

如果说北大附中的教育教学改革为中国基础教育提供了一种创新价值和实践路径，那么它的意义不仅在于教育教学理念的创新发展，更重要的是，它在与时俱进的教育实践中，摸索总结出了一套真正适合于自身发展、根植于自己的文化土壤中的教育教学体系和课程建设模式。

正因为如此，北大附中坚持不懈的实践探索不仅具有独创性，也具有代表性。它给人的启示就在于：立足本土，开创未来。

（京）新登字 083 号

图书在版编目（CIP）数据

想象有这样一所学校 / 沙蕙著 .—北京：中国青年出版社，2016.5

ISBN 978-7-5153-4080-7

Ⅰ.①想… Ⅱ.①沙… Ⅲ.①高中—教育改革–研究

Ⅳ.① G632.0

中国版本图书馆 CIP 数据核字（2016）第 034948 号

中国青年出版社 出版发行

社 址：北京东四 12 条 21 号 邮政编码：100708

网 址：http://www.cyp.com.cn

责任编辑：刘霜 Liushuangcyp@163.com

编辑部电话：（010）57350508

发行部电话：（010）57350370

三河市君旺印务有限公司印刷 新华书店经销

700×1000 1/16 16.5 印张 18 插页 300 千字

2016 年 5 月北京第 1 版 2016 年 5 月第 1 次印刷

定 价：38.00 元

本图书如有任何印装质量问题，请与出版部联系调换

联系电话：（010）57350337